LES MEILLEURES RECETTES

QUICHES, TARTES *et* PIZZAS

–

100% TESTÉ

LAROUSSE

SOMMAIRE

À l'apéro ou en entrée	**4**
Recettes complètes	**36**
Recettes veggie	**72**
Petits formats pour le goûter	**126**
À partager au dessert	**166**
Index	**214**

À L'APÉRO OU EN ENTRÉE

Tarte salami, mozzarella **6**

Tartelettes chèvre, oignons rouges **8**

Tartelettes asperges, parmesan **10**

Tartelettes poires, gorgonzola **12**

Tartelettes feuilletées aux légumes **14**

Tartelettes feuilletées aux champignons **16**

Tarte aux oignons caramélisés **18**

Muffin à la courgette 20

Mini-pitas jambon-pistou 22

Pizzas-pitas au chorizo 24

Mini-pizzas au prosciutto 26

Pizzas de tortilla 28

Tortillas fromage-tomate 30

Petits pains jambon, mozzarella 32

Fougasse au pesto et mozzarella 34

TARTE SALAMI, MOZZARELLA

POUR 4 PERSONNES

Préparation : 10 min
Cuisson : 15 à 20 min

375 g de pâte feuilletée
70 g de salami en tranches
125 g de mozzarella
5 c. à soupe de pesto rosso
1 poignée de roquette
huile d'olive

1 Coupez la mozzarella en morceaux. Étalez la pâte sur une plaque de cuisson, puis piquez-la à la fourchette. Tartinez de pesto jusqu'à 2 cm du bord.

2 Garnissez la pizza de salami et de mozzarella. Salez, poivrez, puis faites cuire 15 à 20 min à four chaud (220 °C). Parsemez de roquette et arrosez d'un filet d'huile.

TARTELETTES CHÈVRE, OIGNONS ROUGES

POUR 6 PERSONNES

Préparation : 15 min
Cuisson : 35 min

500 g de pâte brisée
1 petite bûche de chèvre
2 gros oignons rouges
huile d'olive
1 c. à soupe de vinaigre balsamique
1/2 c. à soupe de feuilles de thym

1 Étalez finement la pâte, garnissez-en 6 moules à tartelettes et piquez à la fourchette. Recouvrez-les de papier sulfurisé et de haricots secs, et faites cuire 10 min à four chaud (200 °C). Retirez le papier et les haricots, enfournez de nouveau pour 5 min.

2 Pelez les oignons et coupez chacun en 3 rondelles. Faites-les revenir doucement 15 min dans un peu d'huile, jusqu'à ce qu'elles soient translucides. Arrosez de vinaigre, parsemez de thym et portez à ébullition. Arrêtez le feu. Posez une rondelle d'oignon puis une tranche de chèvre sur chaque fond de tartelette.

3 Enfournez jusqu'à ce que le fromage soit bien doré. Arrosez d'un filet d'huile et servez.

TARTELETTES ASPERGES, PARMESAN

POUR 4 PERSONNES

Préparation : 10 min
Cuisson : 20 à 25 min

375 g de pâte feuilletée
350 g d'asperges vertes
3 c. à soupe de basilic
6 c. à soupe de mascarpone
40 g de parmesan râpé
le zeste de 1/2 citron
1 c. à soupe d'huile d'olive
1 bonne poignée de salade
à la vinaigrette
copeaux de parmesan

1 Mélangez le mascarpone avec le basilic ciselé, le parmesan et le zeste de citron, puis assaisonnez.

2 Étalez 4 rectangles de pâte de la longueur des asperges. Déposez-les sur 2 plaques de cuisson, puis roulez les bords pour former une fine bordure. Tartinez du mélange de l'étape 1.

3 Badigeonnez les asperges d'huile, puis disposez-les bien serrées sur les tartes (empilezun peu si besoin). Faites cuire les tartelettes 20 à 25 min à four chaud (200 °C), jusqu'à ce qu'elles soient dorées. Garnissez de salade et de parmesan, puis servez chaud.

TARTELETTES POIRES, GORGONZOLA

POUR 4 PERSONNES

Préparation : 15 min
Cuisson : 20 à 25 min

500 g de pâte feuilletée
2 poires
75 g de gorgonzola
4 c. à soupe de mascarpone
1 œuf battu
3 c. à soupe de pignons de pin
2 branches de thym
miel liquide

1 Étalez la pâte et découpez 4 disques de 14 cm de diamètre. Avec un couteau, tracez une ligne à 1,5 cm du tour, pour faire une bordure.

2 Malaxez le gorgonzola et le mascarpone. Étalez le tout sur la pâte à l'intérieur de la ligne. Pelez et épépinez les poires, coupez-les en lamelles, puis disposez-les sur la pâte. Badigeonnez la bordure d'œuf.

3 Faites cuire 15 min à four chaud (200 °C), puis parsemez de pignons et de thym. Prolongez la cuisson de 5 à 10 min, jusqu'à ce que la pâte soit bien dorée et gonflée. Arrosez de miel au moment de servir.

TARTELETTES FEUILLETÉES AUX LÉGUMES

POUR 4 PERSONNES

Préparation : 10 min
Cuisson : 20 à 27 min

375 g de pâte feuilletée
4 c. à soupe de pesto vert
140 g de poivrons grillés
140 g de cœurs d'artichauts
125 g de mozzarella
salade verte

1 Formez 4 rectangles de pâte. Avec un couteau, tracez une bordure de 1 cm sur le pourtour de chaque rectangle. Transférez le tout sur une plaque de cuisson.

2 Tartinez chaque fond de tartelette de pesto. Émincez les poivrons et les cœurs d'artichauts, puis coupez la mozzarella en dés. Répartissez les poivrons et les artichauts sur les tartelettes. Faites cuire 15 min à four chaud (200 °C).

3 Parsemez de fromage et enfournez pour 5 à 7 min, jusqu'à ce que le fromage soit fondu. Servez avec une salade verte.

TARTELETTES FEUILLETÉES AUX CHAMPIGNONS

POUR 4 PERSONNES

Préparation : 10 min
Cuisson : 25 min

375 g de pâte feuilletée
300 g de champignons sauvages mélangés (cèpes, morilles et pleurotes, par exemple)
1 gousse d'ail
25 g de beurre
25 g de parmesan râpé
1 poignée de persil plat
1 œuf

1 Formez 4 disques de pâte de 15 cm de diamètre. Déposez-les sur une plaque de cuisson recouverte de papier sulfurisé. Réservez au frais.

2 Coupez les champignons en morceaux. Hachez finement l'ail. Dans une grande poêle avec le beurre, faites frire les champignons 5 min. Assaisonnez, puis arrêtez le feu. Dans un saladier, mélangez les champignons avec le parmesan, le persil ciselé et l'ail.

3 Tracez une ligne à 1 cm du bord de chaque disque avec un couteau, puis répartissez les champignons à l'intérieur. Badigeonnez les bords d'œuf battu. Faites cuire 20 min à four chaud (180 °C). Servez bien chaud.

TARTE AUX OIGNONS CARAMÉLISÉS

POUR 6 PERSONNES

Préparation : 15 min
Cuisson : 1 h 05 à 1 h 10

500 g de pâte feuilletée
3 gros oignons
75 g de beurre
15 cl de crème fraîche épaisse
3 œufs
100 g de gruyère râpé

1 Étalez la pâte sur une épaisseur de 2 ou 3 mm et garnissez-en un moule rectangulaire d'environ 12 x 34 cm. Recouvrez la pâte de papier sulfurisé et de haricots secs. Faites cuire 15 min à four chaud (190 °C). Retirez les haricots et le papier et prolongez la cuisson de 10 min. Laissez refroidir.

2 Dans une poêle avec le beurre, faites fondre les oignons émincés environ 20 min à feu doux, en remuant régulièrement, jusqu'à ce qu'ils caramélisent.

3 Fouettez la crème avec les œufs et le gruyère. Salez, poivrez, ajoutez les oignons et mélangez. Versez sur le fond de tarte, enfournez et laissez cuire 15 à 20 min. Servez chaud.

MUFFIN À LA COURGETTE

POUR 1 PERSONNE

Préparation : 15 min
Cuisson : 5 min

1 muffin anglais
1 petite courgette
2 c. à soupe de sauce tomate pour pizza prête à l'emploi
2 tomates séchées
40 g de feta
1 c. à café d'origan frais ciselé
2 c. à café d'huile d'olive

1 À l'Économe, coupez la courgette en fines lanières. Coupez le muffin en 2. Nappez de sauce tomate et enfournez 1 ou 2 min sous le gril à chaleur moyenne.

2 Émincez finement les tomates et détaillez la feta en cubes. Répartissez la courgette puis les tomates séchées et la feta sur les demi-muffins. Parsemez d'origan. Salez et poivrez. Arrosez d'huile et faites griller 2 min.

EXPRESS

MINI-PITAS JAMBON-PISTOU

POUR 2 PERSONNES

Préparation : 10 min
Cuisson : 5 min

4 mini-pitas
85 g de jambon fumé en tranches fines
4 c. à café de pistou
150 g de mozzarella

1 Faites dorer les pitas sur une grille environ 1 min sous le gril du four à température maximale. Coupez la mozzarella en 5 tranches.

2 Retournez les pitas et tartinez-les de pistou. Posez dessus 1 tranche de mozzarella, puis du jambon en chiffonnade. Coupez la tranche de mozzarella restante en 4 et posez-les sur le jambon. Poivrez.

3 Remettez sous le gril 3 ou 4 min jusqu'à ce que le fromage soit fondu et doré.

EXPRESS

PIZZAS-PITAS AU CHORIZO

POUR 2 PERSONNES

Préparation : 10 min
Cuisson : 10 min

4 pains pitas au blé complet
1 échalote
85 g de chorizo
3 tomates bien mûres
4 c. à café de caviar de tomates séchées
50 g de cheddar râpé
quelques feuilles de basilic

1 Préchauffez le four à 200 °C avec une plaque de cuisson. Émincez l'échalote, coupez le chorizo et les tomates en dés. Badigeonnez les pitas de 1 c. à café de caviar de tomates. Garnissez-les de tomate, d'échalote, de chorizo et de cheddar.

2 Posez les pains sur la plaque de cuisson chaude, puis enfournez jusqu'à ce que le fromage ait fondu et que le chorizo commence à griller. Parsemez de basilic.

EXPRESS

MINI-PIZZAS AU PROSCIUTTO

POUR 8 MINI-PIZZAS

Préparation : 5 min
Cuisson : 12 min

1 pâte à pizza
quelques tranches de prosciutto
100 g de sauce tomate
1 gousse d'ail
8 tomates
quelques tranches de chèvre
quelques copeaux de parmesan
1 poignée de feuilles de roquette

1 Formez 8 disques de pâte, puis déposez-les sur 2 plaques de cuisson farinées. Mélangez la sauce tomate et l'ail écrasé. Coupez les tomates en rondelles.

2 Étalez la sauce tomate sur les disques de pâte, assaisonnez et garnissez de tranches de tomates, de chèvre ou de parmesan. Faites cuire 12 min à four chaud (220 °C). Ajoutez de la roquette ou du prosciutto. Servez chaud.

EXPRESS

PIZZAS DE TORTILLA

POUR 4 PERSONNES

Préparation : 5 min
Cuisson : 5 à 7 min

4 tortillas
1 boule de mozzarella
1 bocal de poivronade
ou 150 g de poivrons marinés
50 g de roquette

1 Déposez les tortillas sur du papier sulfurisé, parsemez de tranches de mozzarella et de poivronade et faites cuire 5 à 7 min à four chaud (200 °C).

2 Quand les bords des tortillas sont dorés et que le fromage commence à fondre, parsemez de roquette et arrosez d'un filet d'huile provenant du bocal de poivronade. Découpez en portions et servez.

EXPRESS

TORTILLAS FROMAGE-TOMATE

POUR 4 PERSONNES

Préparation : 5 min
Cuisson : 10 min

4 tortillas de blé tendre
4 tomates séchées ou 1 poivron rôti en conserve
85 g de cheddar ou de gruyère
1 c. à soupe de piment jalapeño en bocal
1 poignée de feuilles de coriandre

1 Chauffez un gril à feu vif et faites dorer les tortillas. Tranchez les tomates séchées et râpez le fromage. Hachez le piment avec la coriandre, puis répartissez le tout sur 2 tortillas. Assaisonnez et recouvrez des 2 tortillas restantes.

2 Faites cuire à feu moyen 3 min de chaque côté sur le gril, coupez en parts égales et servez.

EXPRESS

PETITS PAINS JAMBON, MOZZARELLA

POUR 6 PETITS PAINS

Préparation : 10 min
Cuisson : 15 min

6 petits pains ronds
6 tranches de jambon blanc
250 g de mozzarella
3 tomates
2 c. à soupe de purée de tomates
2 c. à café d'origan séché
6 olives noires

1 Détaillez les tomates en rondelles et la mozzarella en tranches. Découpez le dessus des pains et évidez-les. Répartissez la purée de tomates dedans. Garnissez-les de jambon, de rondelles de tomate et de mozzarella. Parsemez d'origan et déposez 1 olive sur chaque pain.

2 Disposez les petits pains sur une plaque de cuisson, puis faites cuire 15 min à four chaud (180 °C). Laissez reposer 1 min, puis servez.

SPÉCIAL KIDS

FOUGASSE AU PESTO ET MOZZARELLA

POUR 4 À 6 PERSONNES

Préparation : 25 min
Cuisson : 25 min
Repos : 1 h 30

5 c. à soupe de pesto
125 g de mozzarella
500 g de farine T55
1/2 c. à café de sel
7 g de levure de boulanger
2 c. à soupe d'huile d'olive
30 cl d'eau chaude
fleur de sel

1 Mélangez la farine, le sel et la levure. Ajoutez l'huile et l'eau. Malaxez pour avoir une boule. Pétrissez la pâte 10 min pour qu'elle soit lisse et souple. Mettez-la dans un saladier huilé, arrosez d'huile, puis couvrez et laissez lever 1 h à température ambiante.

2 Étalez la pâte sur une plaque de cuisson en un rectangle de 20 x 30 cm. Couvrez d'un torchon, puis laissez de nouveau lever 30 min.

3 Faites des creux à intervalles réguliers dans la pâte avec vos doigts, puis faites cuire 15 min à four chaud (160 °C). Répartissez la mozzarella en lamelles sur la fougasse et enfournez pour 5 à 10 min de plus. Arrosez de pesto, parsemez de fleur de sel, puis servez.

RECETTES COMPLÈTES

Tarte aux artichauts et au bacon **38**

Tartelettes chorizo, poivrons et œufs **40**

Tarte de polenta à la saucisse **42**

Pizza à la saucisse et aux oignons **44**

Pissaladière **46**

Pizza au bacon **48**

Tarte au jambon et aux épinards **50**

Pizza aux épinards et aux œufs **52**

Pizzas au jambon et à la ricotta **54**

Pizza-minute au thon **56**

Pizzas turques à l'agneau **58**

Tortillas au chorizo
et à la tomate **60**

Pizza blettes, feta et œufs **62**

Quiche au poivron et au jambon **64**

Quiche au jambon et petits pois **66**

Tourtes à la dinde et à l'estragon **68**

Tourte poulet, pomme de terre **70**

TARTE AUX ARTICHAUTS ET AU BACON

POUR 4 PERSONNES

Préparation : 15 min
Cuisson : 25 à 30 min

375 g de pâte brisée préétalée
6 cœurs d'artichauts cuits
6 tranches de bacon
1 petit oignon
1 noix de beurre
4 œufs
10 cl de crème fraîche épaisse
50 g de parmesan râpé
1 poignée de feuilles de persil plat

1 Garnissez un moule à tarte de pâte. Faites cuire 10 min à blanc à four chaud (190 °C). Laissez refroidir.

2 Baissez le four à 180 °C. Coupez le bacon en lamelles, émincez l'oignon et faites-les revenir avec le beurre dans une poêle. Lorsque le bacon est croustillant et l'oignons translucide, répartissez-les sur le fond de tarte avec les cœurs d'artichauts.

3 Battez les œufs avec la crème. Ajoutez le parmesan et le persil ciselé, salez et poivrez, puis versez sur la tarte. Enfournez pour 25 à 30 min, jusqu'à ce que la tarte soit dorée. Servez chaud.

TARTELETTES CHORIZO, POIVRONS ET ŒUFS

POUR 4 PERSONNES

Préparation : 10 min
Cuisson : 15 min

375 g de pâte feuilletée préétalée
4 poignées de poivrons grillés (surgelés ou en bocal)
8 rondelles de chorizo
2 c. à café de pâte de tomates séchées
4 œufs

1 Émincez grossièrement les poivrons. Détaillez le chorizo en petits morceaux. Coupez la pâte en 4 rectangles, façonnez une bordure de 2 cm d'épaisseur, puis disposez-les sur la plaque du four. Répartissez dessus la pâte de tomates, les poivrons, puis laissez gonfler 10 min à four chaud (200 °C).

2 Baissez le four à 180 °C. Parsemez de chorizo, cassez 1 œuf au milieu de chaque tartelette, poivrez et enfournez pour 5 min, jusqu'à ce que les œufs soient cuits à votre convenance.

SPÉCIAL KIDS

TARTE DE POLENTA À LA SAUCISSE

POUR 4 PERSONNES

Préparation : 20 min
Cuisson : 27 min

200 g de polenta instantanée
4 saucisses de porc italiennes
1 l de bouillon de légumes
50 g de parmesan râpé
140 g de brocolis
1 gousse d'ail
200 g de mozzarella râpée
100 g de tomates semi-séchées

1 Dans le bouillon bouillant, versez la polenta en pluie. Baissez le feu et remuez 5 min. Hors du feu, incorporez 1 c. à soupe de parmesan et assaisonnez. Étalez la polenta en une couche de 2-3 cm d'épaisseur sur une plaque de cuisson tapissée de papier sulfurisé.

2 Faites cuire les brocolis 2 min à l'eau bouillante salée. Égouttez-les, puis rincez-les sous l'eau froide.

3 Hachez l'ail. Détaillez la chair des saucisses en petits dés. Garnissez la polenta de mozzarella et du reste du parmesan. Ajoutez les tomates séchées, l'ail, les brocolis et les saucisses. Faites cuire 20 min à four chaud (170 °C), puis servez aussitôt.

PIZZA À LA SAUCISSE ET AUX OIGNONS

POUR 2 PERSONNES

Préparation : 10 min
Cuisson : 15 min

1 pâte à pizza préétalée
2 saucisses
1 gros oignon rouge
2 gousses d'ail
1 c. à soupe d'huile d'olive
5 c. à soupe de purée de tomates
1 pincée de sucre en poudre
50 g d'emmental râpé
1 poignée de feuilles de basilic

1 Pelez, puis émincez l'oignon. Écrasez l'ail et coupez les saucisses en rondelles. Dans une casserole avec l'huile, faites frire l'oignon et l'ail 5 min.

2 Mélangez la purée de tomates avec le sucre, salez et poivrez. Posez la pâte sur une plaque de cuisson. Badigeonnez-la de purée de tomates, en laissant 1 cm de bord libre. Ajoutez l'ail, l'oignon et les saucisses. Parsemez d'emmental, puis faites cuire 10 min à four chaud (220 °C). Parsemez de basilic et servez.

PISSALADIÈRE

POUR 6 À 8 PERSONNES

Préparation : 25 min
Cuisson : 1 h 10 à 1 h 15
Repos : 45 min à 1 h 15

1 kg d'oignons
2 tomates
4 c. à soupe d'huile d'olive
+ un peu pour servir
quelques brins de thym frais
160 g de filets d'anchois à l'huile
1 poignée d'olives noires
dénoyautées

POUR LA PÂTE

200 g de farine
2 c. à café de levure de boulanger
15 cl d'eau tiède
1 c. à soupe d'huile d'olive
1 c. à café de sel

1 Préparez la pâte. Mélangez la farine, le sel et la levure dans un bol, creusez un puits au centre, versez-y l'eau et l'huile. Mélangez pour former une pâte souple. Pétrissez 5 min sur le plan de travail légèrement fariné. Laissez reposer 45 à 1 h 15 sous un torchon.

2 Pelez les oignons et les tomates puis émincez-les finement. Faites revenir les oignons à feu doux dans une poêle avec l'huile, jusqu'à ce qu'ils soient translucides. Ajoutez le thym et les tomates, salez et poivrez. Couvrez et laissez cuire 45 min à feu doux pour obtenir une consistance onctueuse et épaisse ; découvrez les 10 dernières minutes.

3 Égouttez les anchois. Pétrissez la pâte, étalez-la en un rectangle et posez-la sur une plaque huilée. Recouvrez d'oignons, puis disposez les anchois et les olives. Laissez cuire 25 à 30 min à four chaud (220 °C). Arrosez d'huile et servez.

PIZZA AU BACON

POUR 4 PERSONNES

Préparation : 20 min
Cuisson : 25 min
Repos : 30 min

1 pâte à pizza
8 tranches de bacon
140 g de champignons de Paris
6 c. à soupe de sauce tomate
4 saucisses de porc
4 œufs

1 Étalez la pâte en un rectangle de 30 x 40 cm sur un plan de travail fariné. Déposez-le sur une plaque de cuisson huilée. Émincez les champignons. Couvrez la pâte de sauce, puis parsemez de champignons. Coupez les tranches de bacon en 2, coupez la chair des saucisses en morceaux. Réunissez la saucisse et le bacon dans un plat à four, puis enfournez le plat et la pizza pour 20 min à four chaud (200 °C).

2 Garnissez la pizza de saucisse et de bacon, puis cassez les œufs dessus. Enfournez de nouveau pour 5 min et servez aussitôt.

TARTE AU JAMBON ET AUX ÉPINARDS

POUR 6 PERSONNES

Préparation : 15 min
Cuisson : 25 à 30 min

375 g de pâte feuilletée
225 g de jambon en tranches fines
250 g d'épinards en branches surgelés
300 g de fromage râpé
2 œufs
15 cl de lait

1 Faites décongeler les épinards au micro-ondes. Séchez-les dans du papier absorbant. Mélangez le fromage, les œufs et le lait, puis poivrez. Coupez les tranches de jambon en 2.

2 Garnissez un moule à tarte de pâte, en la laissant un peu dépasser. Répartissez dessus les épinards, puis le jambon. Versez la préparation au fromage. Repliez les bords de la pâte pour former une bordure.

3 Faites cuire 25 à 30 min à four chaud (200 °C), jusqu'à ce que la tarte soit bien dorée.

SPÉCIAL KIDS

PIZZA AUX ÉPINARDS ET AUX ŒUFS

POUR 4 PERSONNES

Préparation : 15 min
Cuisson : 18 à 21 min

1 pâte à pizza préétalée
6 c. à soupe bombées de sauce tomate pimentée
175 g d'épinards
100 g de champignons à l'huile
50 g de parmesan râpé
4 œufs

1 Étalez la sauce tomate sur la pâte. Faites cuire les épinards dans une casserole à couvert 2 à 3 min, puis égouttez-les et répartissez-les sur la pizza ainsi que les champignons égouttés. Salez, poivrez, puis parsemez de la moitié du parmesan. Faites cuire 10 min à four chaud (200 °C).

2 Formez 4 creux dans la couche d'épinards avec le dos d'une cuillère. Cassez 1 œuf dans chacun, puis parsemez du reste de fromage. Enfournez pour 6 à 8 min, jusqu'à ce que les œufs soient tout juste figés.

VÉGÉTARIEN

PIZZAS AU JAMBON ET À LA RICOTTA

POUR 4 PERSONNES

Préparation : 15 min
Cuisson : 15 à 20 min

2 petites pâtes à pizza préétalées
2 tranches de jambon blanc
125 g de ricotta
4 c. à soupe de sauce tomate
1 c. à soupe de pesto
1 poignée de feuilles de basilic

1 Étalez 2 c. à soupe de sauce tomate sur chaque pâte à pizza, puis disposez-les sur une plaque de cuisson. Faites cuire 10 à 15 min à four chaud (220 °C).

2 Coupez le jambon en lamelles grossières. Garnissez-en les pizzas 5 min avant la fin de la cuisson. Ajoutez de la ricotta et prolongez la cuisson.

3 Assaisonnez et répartissez le pesto sur les pizzas. Parsemez de feuilles de basilic, puis servez.

PIZZA-MINUTE AU THON

POUR 2 PERSONNES

Préparation : 10 min
Cuisson : 10 min

1 pâte à pizza préétalée
200 g de thon au naturel en conserve
1 gousse d'ail
8 à 10 tomates cerises
1 c. à soupe de concentré de tomates
1 poignée d'olives noires dénoyautées
1 c. à soupe d'huile d'olive
1 c. à soupe de câpres
feuilles de basilic

1 Émincez l'ail et coupez les tomates cerises en 2. Étalez sur la pâte le concentré de tomates, puis répartissez l'ail, les olives, les tomates cerises et la moitié de l'huile.

2 Faites cuire 10 min à four chaud (230 °C), jusqu'à ce que la pâte gonfle légèrement et que les tomates commencent à dorer.

3 Hors du four, arrosez du reste d'huile. Rincez et égouttez les câpres. Égouttez le thon, émiettez-le. Parsemez la pizza de câpres et de thon. Ajoutez du basilic et servez immédiatement.

EXPRESS

PIZZAS TURQUES À L'AGNEAU

POUR 4 PERSONNES

Préparation : 15 min
Cuisson : 15 à 18 min

250 g de pâte à pain
1 oignon
1 gousse d'ail
250 g d'agneau maigre haché
1 c. à café de cumin en poudre
1 c. à café de coriandre en poudre
2 c. à soupe de yaourt nature
1 poignée de menthe fraîche
2 c. à soupe de pignons de pin

1 Étalez la pâte en 2 grands ovales. Transférez-les sur une grande plaque de cuisson farinée.

2 Hachez finement l'oignon et l'ail. Mélangez-les avec l'agneau, les épices et le yaourt, puis salez et poivrez. Répartissez ce mélange sur la pâte, en veillant que la viande ne soit pas agglomérée.

3 Faites cuire 15 à 18 min à four chaud (220 °C). Servez parsemé de menthe hachée et de pignons.

TORTILLAS AU CHORIZO ET À LA TOMATE

POUR 4 PERSONNES

Préparation : 10 min
Cuisson : 10 min

4 tortillas de blé
8 tranches fines de chorizo
3 grosses pommes de terre
6 c. à soupe de crème fraîche légère
1/2 oignon
25 g de gruyère râpé
3 tomates
2 c. à café de vinaigrette au vinaigre balsamique
25 g de roquette

1 Coupez les pommes de terre en fines rondelles, puis plongez-les 2 min dans de l'eau bouillante. Égouttez-les et déposez-les sur du papier absorbant.

2 Étalez les tortillas sur des plaques de cuisson. Tartinez de crème, assaisonnez. Émincez l'oignon et le chorizo. Couvrez les tortillas de pommes de terre, d'oignon et de chorizo. Parsemez de gruyère, puis faites cuire 8 min à four chaud (180 °C).

3 Coupez les tomates en petits morceaux. Mélangez avec la vinaigrette et la roquette. Répartissez la salade sur les tortillas et servez.

EXPRESS

PIZZA BLETTES, FETA ET ŒUFS

POUR 4 PERSONNES

Préparation : 15 min
Cuisson : 1 h
Repos : 15 min

3 c. à soupe d'huile d'olive
1 oignon rouge en rondelles
2 gousses d'ail en rondelles
500 g de blettes
en tronçons de 2 cm de long
4 œufs
200 g de feta émiettée

POUR LA PÂTE

250 g de farine
150 g de beurre coupé en dés
2 jaunes d'œufs

1 Préparez la pâte. Mettez la farine et le beurre dans le bol d'un robot, placez-les 10 min au congélateur, puis mixez-les par à-coups. Ajoutez les jaunes d'œufs et 2 ou 3 c. à soupe d'eau glacée. Ne mixez pas trop, car elle risquerait de durcir. Retirez-la du bol et formez une boule avec les mains farinées. Enveloppez-la de film alimentaire et laissez-la reposer 30 min au frais.

2 Faites chauffer 2 c. à soupe d'huile dans une sauteuse à feu vif. Attendrissez-y l'oignon et l'ail 2 min. Ajoutez les blettes et attendrissez-les 5 min sans cesser de remuer. Salez et poivrez, puis laissez refroidir dans la poêle.

3 Sur du papier sulfurisé fariné, étalez la pâte en un disque d'environ 35 cm de diamètre. Roulez le pourtour pour former un rebord de 1 cm. Transférez la pâte sur une plaque et étalez les blettes dessus.

4 Cassez les œufs dans un bol et piquez les jaunes à la fourchette. étalez-les uniformément sur les blettes. Parsemez de feta et arrosez du reste d'huile. Enfournez à four chaud (220 °C) pour 20 min, jusqu'à ce que la pâte soit dorée et que le dessus commence à brunir.

QUICHE AU POIVRON ET AU JAMBON

POUR 4 PERSONNES

Préparation : 20 min
Cuisson : 45 à 50 min

250 g de pâte brisée préétalée
1 oignon
1 gousse d'ail
1 poivron rouge
1 c. à soupe d'huile d'olive
230 g de tomates en conserve
100 g de très fines tranches de jambon
1 poignée d'olives noires
3 œufs
3 c. à soupe de lait

1 Garnissez de pâte un moule à tarte à fond amovible. Recouvrez de papier sulfurisé et de haricots secs. Faites cuire 15 min à four chaud (200 °C). Ôtez le papier et les haricots et enfournez pour encore 5 min.

2 Émincez l'oignon, pilez l'ail, épépinez et coupez en morceaux le poivron. Faites-les revenir 4 min dans l'huile, jusqu'à ce qu'ils soient très tendres. Laissez refroidir un instant. Baissez le four à 190 °C. Tapissez la tarte de préparation au poivron et ajoutez les tomates coupées en cubes, le jambon et les olives.

3 Mélangez les œufs et le lait. Salez et poivrez. Versez sur la tarte. Enfournez pour 25 à 30 min.

QUICHE AU JAMBON ET PETITS POIS

POUR 6 PERSONNES

Préparation : 15 min
Cuisson : 50 min

250 g de pâte brisée préétalée
85 g de dés de jambon
250 g de petits pois
4 œufs
20 cl de crème liquide
85 g de gruyère râpé

1 Garnissez de pâte un plat à tarte. Piquez le fond à la fourchette, recouvrez de papier sulfurisé et de haricots secs. Faites précuire 15 min à four chaud (200 °C).

2 Mélangez rapidement les petits pois, les œufs, la crème, le sel et le poivre avec un batteur électrique. Ajoutez le jambon et le gruyère. Versez sur la pâte débarrassée du papier et des haricots secs.

3 Baissez le four à 180 °C et enfournez pour 35 min jusqu'à ce que la quiche soit bien dorée. Servez chaud ou froid.

TOURTES À LA DINDE ET À L'ESTRAGON

POUR 4 PERSONNES

Préparation : 10 min
Cuisson : 35 à 40 min

2 pâtes feuilletées préétalées
400 g de dinde
1 oignon
100 g de champignons de Paris
1 petit bouquet d'estragon
1 noix de beurre
100 g de petits pois
15 cl de crème fraîche épaisse
30 cl de bouillon de poulet chaud
1 œuf battu

1 Coupez l'oignon en rondelles et les champignons en 4. Détaillez la viande en dés. Ciselez l'estragon.

2 Dans une casserole, faites revenir dans le beurre l'oignon et les champignons. Quand ils sont tendres, ajoutez la viande, les petits pois, l'estragon, la crème et le bouillon chaud. Portez à ébullition et laissez mijoter jusqu'à avoir une sauce onctueuse. Salez et poivrez.

3 Découpez les pâtes en 8 aux dimensions de 4 mini-tourtières. Garnissez chaque tourtière de pâte. Ajoutez la garniture et couvrez d'un autre morceau de pâte en humectant les bords pour faire adhérer. Badigeonnez d'œuf. Faites cuire 20 à 25 min à four chaud (180 °C), jusqu'à ce que la pâte soit dorée.

TOURTE POULET, POMME DE TERRE

POUR 6 PERSONNES

Préparation : 15 min
Cuisson : 40 à 50 min

1 pâte brisée préétalée
400 g de blancs de poulet sans la peau
450 g de pommes de terre rôties
2 c. à soupe d'huile d'olive
140 g de jambon
2 poireaux
1 c. à soupe de fécule de maïs
20 cl de vin blanc
40 cl de bouillon de volaille
2 c. à soupe de crème fraîche
1 œuf battu

1 Coupez le poulet en dés. Dans une poêle avec la moitié de l'huile, faites dorer le poulet, puis mettez-le dans une tourtière. Hachez le jambon, pelez les pommes de terre, coupez-les en morceaux et émincez les poireaux. Dans la poêle avec le reste d'huile, faites revenir les poireaux. Ajoutez la fécule, le vin et le bouillon, puis portez à ébullition. Incorporez la crème et assaisonnez. Versez dans le moule.

2 Disposez la pâte sur le moule. Coupez les bords en excès et crantez le pourtour. Badigeonnez d'œuf et faites cuire 30 à 40 min à four chaud (180 °C).

POUR RECEVOIR

RECETTES VEGGIE

Quiche fromages et oignons **74**

Tarte tomates, poivrons rôtis **76**

Tarte à la courgette et à la ricotta **78**

Tarte parmesan et tomates **80**

Tarte oignons, pommes de terre **82**

Tarte aux oignons et feta **84**

Tarte à la tomate **86**

Tarte pesto, pommes de terre **88**

Tarte poivrons rouges et chèvre **90**

Tarte aux oignons et blettes **92**

Tarte aux fromages et oignons **94**

Tarte à la ricotta et aux épinards **96**

Tarte à la tomate et au pesto **98**

Tarte fine aux courgettes 100

Tarte tomates cerises, parmesan 102

Tarte forestière 104

Pizza à la poêle 106

Pizza tomate-ricotta 108

Pizzas tomate-basilic 110

Pizzas à la puttanesca 112

Pizza à la courge et à la feta 114

Pizza chèvre, pommes de terre 116

Petites pizzas margarita 118

Pizza courgette, mozzarella 120

Tourte à la grecque 122

Tourte fromage, pomme de terre 124

QUICHE FROMAGES ET OIGNONS

POUR 8 PERSONNES

Préparation : 15 min
Cuisson : 1 h 05 min

1 pâte brisée préétalée
250 g de fromages mélangés
2 oignons
1 c. à soupe d'huile végétale
2 gros œufs
30 cl de crème fraîche épaisse
salade verte

1 Garnissez un moule à tarte de pâte. Couvrez de papier sulfurisé et de haricots secs. Enfournez pour 15 min à four chaud (180 °C). Retirez le papier et les haricots, puis prolongez la cuisson de 10 min.

2 Pendant ce temps, émincez les oignons. Dans une poêle à feu doux avec l'huile, faites revenir les oignons. Battez les œufs avec la crème, assaisonnez. Détaillez les fromages en morceaux. Répartissez-les sur le fond de tarte avec les oignons, puis arrosez du mélange aux œufs. Baissez le four à 140 °C, puis enfournez pour 40 min. Servez chaud avec de la salade verte.

TARTE TOMATES, POIVRONS RÔTIS

POUR 6 PERSONNES

Préparation : 15 min
Cuisson : 15 min

400 g de pâte feuilletée
4 grosses tomates mûres
450 g de poivrons rouges rôtis en bocal
85 g de parmesan râpé
3 c. à soupe d'huile d'olive
250 g de mozzarella
feuilles de basilic

1 Préchauffez le four à 220 °C avec la plaque à mi-hauteur. Étalez la pâte dans un moule de 20 x 30 cm. Piquez-la à la fourchette.

2 Parsemez la tarte de parmesan. Répartissez les poivrons égouttés et enduisez-les d'un peu d'huile. Salez et poivrez, enfournez pour 15 min, jusqu'à ce que les bords de la pâte soient dorés et gonflés.

3 Coupez la mozzarella en tranches et les tomates en rondelles. Disposez-les sur la tarte en alternance. Arrosez du reste d'huile, poivrez et parsemez de basilic. Servez la tarte encore chaude.

POUR RECEVOIR

TARTE À LA COURGETTE ET À LA RICOTTA

POUR 6 PERSONNES

Préparation : 20 min
Cuisson : 35 min

500 g de pâte feuilletée
4 courgettes
500 g de ricotta
2 c. à soupe d'huile d'olive
1 gousse d'ail
1 poignée de basilic
4 œufs
1 pincée de noix de muscade finement râpée
50 g de parmesan râpé
1 poignée de pignons de pin

1 Émincez les courgettes. Faites-les revenir 5 min dans une poêle à feu moyen avec la moitié de l'huile.

2 Mélangez la ricotta avec les œufs, le basilic ciselé, la muscade, la moitié du parmesan et l'ail écrasé.

3 Étalez la pâte sur une plaque de cuisson farinée. Couvrez du mélange à la ricotta jusqu'à 4 cm des bords. Enfoncez délicatement les courgettes dans la ricotta. Parsemez de pignons et du reste du parmesan. Relevez les bords de la pâte en les pinçant. Faites cuire 30 min à four chaud (180 °C). Servez tiède ou froid.

TARTE PARMESAN ET TOMATES

POUR 6 PERSONNES

Préparation : 15 min
Cuisson : 40 à 50 min

500 g de pâte feuilletée
50 g de parmesan râpé
8 à 10 tomates en grappe
huile d'olive
1 c. à soupe de moutarde forte
2 c. à soupe de mascarpone
2 gousses d'ail
2 branches de thym
1 œuf battu

1 Coupez les tomates en 2 et déposez-les sur une plaque antiadhésive. Arrosez d'huile, salez, poivrez et laissez cuire 10 min à four chaud (200 °C). Laissez refroidir et retirez la peau.

2 Étalez la pâte. Parsemez de la moitié du parmesan, repliez-la en 2 et étalez-la de nouveau. Parsemez du reste de parmesan et réétalez. Découpez un disque, rabattez les bords pour former une bordure.

3 Mélangez la moutarde et le mascarpone et recouvrez-en la tarte. Disposez les tomates, face bombée vers le bas. Salez, poivrez, parsemez de thym et d'ail émincé, puis arrosez d'huile. Badigeonnez la bordure d'œuf et enfournez pour 30 à 40 min.

SPÉCIAL KIDS

TARTE OIGNONS, POMMES DE TERRE

POUR 4 PERSONNES

Préparation : 15 min
Cuisson : 35 min

375 g de pâte brisée
450 g d'oignons
750 g de pommes de terre
2 c. à soupe d'huile d'olive
2 gousses d'ail
3 c. à soupe de feuilles de thym frais
2 œufs
20 cl de crème fraîche
2 c. à soupe de moutarde en grains

1 Tapissez une plaque de pâte. Émincez finement les oignons. Dans une poêle avec l'huile, faites-les légèrement caraméliser 8 à 10 min. Ajoutez l'ail écrasé et presque tout le thym, puis laissez cuire 2 min. Nappez la pâte de la moitié des oignons.

2 Faites cuire les pommes de terre coupées en tranches épaisses 4 ou 5 min à l'eau bouillante salée. Égouttez et répartissez sur la pâte. Garnissez du reste des oignons.

3 Battez les œufs, la crème et la moutarde. Salez, poivrez et versez sur les oignons. Parsemez du reste de thym et faites dorer 20 min à four chaud (220 °C).

TARTE AUX OIGNONS ET FETA

POUR 4 PERSONNES

Préparation : 15 min
Cuisson : 30 à 35 min

450 g de pâte feuilletée
2 gros oignons rouges
100 g de feta
25 g de beurre
2 c. à soupe de sucre muscovado
2 c. à soupe de vinaigre balsamique
175 g d'olives noires dénoyautées
1 c. à soupe d'huile d'olive
feuilles de basilic

1 Dans une poêle avec le beurre, faites caraméliser les oignons émincés 10 min avec 1 pincée de sel. Ajoutez le sucre et le vinaigre, laissez réduire 5 min, jusqu'à ce que le jus soit sirupeux. Laissez refroidir.

2 Étalez la pâte et tapissez-en une plaque. Nappez d'oignons. Émiettez la feta, hachez les olives. Parsemez-en la tarte. Salez, poivrez et arrosez d'huile.

3 Faites cuire 15 à 20 min à four chaud (200 °C). Parsemez de basilic ciselé et servez.

POUR RECEVOIR

TARTE À LA TOMATE

POUR 6 PERSONNES

Préparation : 20 min
Cuisson : 1 h 10 min
Repos : 40 min

8 tomates moyennes, mûres
200 g de farine
100 g de beurre en dés
1 petit bouquet de basilic
50 g de gruyère râpé
175 g de fromage blanc
1 filet d'huile d'olive
1 poignée d'herbes mélangées (cerfeuil, menthe et persil plat)

1 Mixez la farine, 1/2 c. à café de sel et le beurre en pâte grossière. Ajoutez les 2/3 du gruyère et 10 cl d'eau, mélangez bien. Pétrissez et laissez reposer 30 min au frais. Mélangez le basilic ciselé, le reste de gruyère et le fromage blanc, salez et poivrez. Étalez la pâte en un long rectangle. Repliez le tiers supérieur vers le bas et le tiers inférieur vers le haut. Étalez à nouveau et répétez 3 fois. Remettez 10 min au frais.

2 Étalez la pâte en un grand disque. Déposez-le sur une plaque de cuisson farinée, piquez à la fourchette et faites cuire 15 min à four chaud (220 °C). Laissez refroidir, puis tartinez de mélange au fromage. Déposez les tomates. Assaisonnez et enfournez pour 15 min. Baissez le four à 150 °C et laissez cuire 40 min. Arrosez d'un filet d'huile et parsemez des herbes.

TARTE PESTO,
POMMES DE TERRE

POUR 4 PERSONNES

Préparation : 15 min
Cuisson : 27 à 32 min

1 pâte brisée préétalée
400 g de pommes de terre nouvelles
2 ou 3 c. à soupe de pesto
3 c. à soupe de parmesan râpé
1 jaune d'œuf battu
1 petite poignée de basilic

1 Coupez les pommes de terre en fines rondelles. Faites-les cuire 2 min à l'eau bouillante salée. Égouttez.

2 Étalez la pâte sur du papier sulfurisé et roulez le tour pour former une bordure de 1 cm. Étalez une fine couche de pesto au centre, parsemez de parmesan. Déposez les pommes de terre, salez et poivrez. Badigeonnez les bords de jaune d'œuf.

3 Faites cuire 25 à 30 min à four chaud (190 °C). Parsemez de basilic et servez.

TARTE POIVRONS ROUGES ET CHÈVRE

POUR 4 À 6 PERSONNES

Préparation : 20 min
Cuisson : 40 à 45 min

200 g de pâte brisée
2 poivrons rouges, si possible de forme allongée et régulière
150 à 200 g de bûche de chèvre
2 oignons rouges
2 c. à soupe d'huile d'olive
1 c. à soupe de vinaigre balsamique
12 olives noires dénoyautées
250 g de tomates cerises
feuilles d'origan ou de basilic frais

1 Faites revenir les oignons émincés 6 ou 7 min à feu doux dans une casserole avec l'huile, jusqu'à ce qu'ils soient translucides. Ajoutez le vinaigre et 1 c. à soupe d'eau, laissez cuire 2 ou 3 min. Incorporez les olives hachées et laissez refroidir. Coupez les poivrons en 2, épépinez-les et pelez-les.

2 Garnissez un moule à tarte de pâte. Recouvrez de papier sulfurisé et de haricots secs, faites cuire 10 min à four chaud (200 °C). Retirez les haricots et le papier, enfournez pour 5 min.

3 Répartissez les oignons sur la pâte. Disposez les moitiés de poivrons en étoile. Garnissez-les de tranches de chèvre, puis mettez les tomates autour. Enfournez pour 20 à 25 min, jusqu'à ce que les tomates éclatent. Parsemez d'origan et servez.

TARTE AUX OIGNONS ET BLETTES

POUR 4 À 6 PERSONNES

Préparation : 30 min
Cuisson : 1 h environ

500 g de pâte brisée préétalée
3 oignons moyens
250 g de blettes
1 noix de beurre
4 œufs
75 g de gruyère râpé
2 c. à soupe de parmesan râpé
15 cl de crème fraîche épaisse

1 Garnissez un moule de pâte. Recouvrez de papier sulfurisé et de haricots secs et faites cuire 10 min à four chaud (190 °C). Retirez les haricots et le papier et enfournez pour 10 min. Baissez le four à 180 °C.

2 Émincez finement les oignons. Séparez les côtes des blettes des feuilles. Dans une poêle à feu doux avec le beurre, faites fondre les oignons. Ajoutez les côtes de blettes, laissez cuire 3 min, puis ajoutez les feuilles et prolongez la cuisson jusqu'à ce qu'elles soient bien tendres. Salez, poivrez et laissez refroidir.

3 Mélangez les œufs, la crème et les fromages. Salez et poivrez bien. Étalez les légumes sur la pâte, couvrez de la crème et enfournez pour 20 à 30 min, jusqu'à ce que la garniture soit ferme. Servez bien chaud.

TARTE AUX FROMAGES ET OIGNONS

POUR 8 PERSONNES

Préparation : 15 min
Cuisson : 1 h 10

375 g de pâte brisée
300 g de fromage de chèvre frais
75 g de parmesan râpé
4 c. à soupe de chutney d'oignons
50 g de beurre
50 g de farine
30 cl de lait
1 c. à soupe de feuilles de thym
3 œufs

1 Étalez la pâte. Parsemez-la de 1/3 du parmesan, puis garnissez-en un moule. Couvrez de papier sulfurisé et de haricots secs. Faites cuire 20 min à four chaud (180 °C), puis retirez les haricots et le papier. Enfournez pour 10 min de plus. Étalez le chutney sur la pâte.

2 Faites fondre le beurre dans une casserole à feu doux. Incorporez la farine et laissez cuire 2 min. Versez lentement le lait en remuant jusqu'à épaississement. Ajoutez 200 g de chèvre émietté, le thym et le reste de parmesan. Fouettez jusqu'à ce que le fromage fonde. Ajoutez les jaunes d'œufs. Montez les blancs en neige ferme, incorporez-les petit à petit. Versez sur la tarte.

3 Parsemez du reste de chèvre, puis enfournez pour 30 min. Laissez refroidir.

TARTE À LA RICOTTA ET AUX ÉPINARDS

POUR 6 PERSONNES

Préparation : 25 min
Cuisson : 25 à 35 min

250 g de feuilles de pâte filo
200 g d'épinards
1 oignon nouveau
3 œufs
250 g de ricotta
70 g de pesto
120 g de tomates séchées à l'huile
1 noix de beurre

1 Hachez les épinards. Émincez l'oignon. Battez les œufs, puis fouettez-les avec la ricotta. Incorporez les épinards, l'oignon et le pesto, puis réservez le tout.

2 Déroulez les feuilles de filo et couvrez-les d'un torchon humide. Égouttez les tomates en réservant leur huile. Mélangez le beurre fondu avec 2 c. à soupe de l'huile des tomates. Badigeonnez-en un moule à tarte et déposez 1 feuille de filo dedans. Badigeonnez-la de beurre parfumé, puis superposez les feuilles en répétant l'opération. Coupez la pâte en excès. Faites cuire 5 à 10 min à four chaud (160 °C).

3 Versez le mélange aux épinards sur la tarte. Hachez grossièrement les tomates et parsemez-en la tarte. Enfournez pour 20 à 25 min. Laissez refroidir.

TARTE À LA TOMATE ET AU PESTO

POUR 4 PERSONNES

Préparation : 10 min
Cuisson : 25 à 30 min

1 pâte feuilletée
4 c. à soupe de pesto
2 c. à soupe de mascarpone
6 tomates en grappe

1 Étalez la pâte sur du papier sulfurisé et roulez le pourtour pour former une bordure de 1 cm. Piquez la pâte à la fourchette, puis faites cuire 15 à 20 min à four chaud (200 °C).

2 Aplatissez délicatement la partie centrale. Étalez le pesto et le mascarpone dessus. Coupez les tomates en fines rondelles et rangez-les sur la tarte. Salez et poivrez. Passez 10 min au four, jusqu'à ce que les tomates soient cuites et le mascarpone fondu.

TARTE FINE AUX COURGETTES

POUR 4 PERSONNES

Préparation : 25 min
Cuisson : 30 min
Repos : 25 min

500 g de courgettes
250 g de farine complète
1 c. à café de levure de boulanger sèche
1 pincée de sucre en poudre
1 œuf
2 c. à soupe d'huile d'olive
75 cl d'eau tiède
3 gousses d'ail
1 oignon
copeaux de parmesan

1 Mélangez la farine, la levure, le sucre et 1 pincée de sel. Creusez un puits. Versez-y l'œuf battu, l'huile et l'eau. Mélangez pour avoir une boule de pâte. Pétrissez-la sur un plan de travail fariné jusqu'à ce qu'elle soit lisse, puis étalez-la en rectangle sur une plaque de cuisson huilée.

2 Écrasez l'ail, émincez l'oignon et coupez les courgettes en rondelles. Faites frire l'ail dans une poêle huilée et répartissez-le sur la pâte ainsi que l'oignon. Rangez les courgettes sur la tarte, en les faisant se chevaucher. Arrosez d'huile et assaisonnez généreusement. Filmez, puis laissez lever 25 min.

3 Faites cuire 25 min à four chaud (190 °C). Parsemez de parmesan et servez bien chaud.

TARTE TOMATES CERISES, PARMESAN

POUR 8 PERSONNES

Préparation : 25 min
Cuisson : 45 à 55 min
Repos : 20 min

500 g de pâte brisée
300 g de tomates cerises
50 g de parmesan râpé
1 filet d'huile d'olive
2 œufs
30 cl de crème fraîche épaisse
1 poignée de feuilles de basilic

1 Mettez la pâte dans un moule à tarte. Laissez reposer 20 min au frais. Placez les tomates dans un plat à four. Arrosez-les d'huile, puis placez-les en bas du four chaud (180 °C).

2 Piquez la pâte à la fourchette. Couvrez de papier sulfurisé et de haricots secs, et enfournez pour 20 min avec les tomates. Ôtez les haricots et le papier, puis enfournez pour 5 à 10 min. Sortez les tomates du four.

3 Mélangez les œufs, la crème et les 3/4 du basilic haché, puis assaisonnez. Répartissez les tomates et la moitié du parmesan sur la pâte. Versez le mélange aux œufs, parsemez du reste du parmesan. Enfournez pour 20 à 25 min. Laissez refroidir et parsemez de basilic.

TARTE FORESTIÈRE

POUR 8 PERSONNES

Préparation : 20 min
Cuisson : 1 h à 1 h 05 min
Repos : 30 min

500 g de pâte brisée
750 g de champignons des bois
1 oignon moyen
30 g de beurre
3 œufs battus
20 cl de crème
100 g de gruyère râpé

1 Hachez finement l'oignon et faites-le fondre dans une sauteuse avec la moitié du beurre, jusqu'à ce qu'il soit translucide. Réservez. Coupez les champignons en morceaux, puis faites-les revenir à feu vif avec le reste du beurre. Remuez régulièrement et laissez s'évaporer toute l'eau. Ajoutez l'oignon. Salez et poivrez.

2 Garnissez un moule de pâte. Laissez reposer 30 min au frais. Recouvrez la pâte de papier sulfurisé et de haricots secs. Faites cuire 15 min à four chaud (200 °C). Retirez le papier et les haricots et réenfournez 5 à 10 min. Couvrez avec les champignons.

3 Mélangez les 2/3 des œufs battus avec la crème, salez, poivrez, puis versez sur les champignons. Parsemez de gruyère. Badigeonnez le bord de la pâte avec le reste d'œuf, enfournez et laissez cuire 30 min.

POUR RECEVOIR

PIZZA À LA POÊLE

POUR 4 PERSONNES

Préparation : 10 min
Cuisson : 35 min

1 poivron jaune
1 courgette
1 oignon rouge
3 c. à soupe d'huile d'olive
225 g de farine
5 c. à soupe de sauce tomate
50 g de gruyère râpé

1 Coupez les légumes en morceaux. Mettez-les sur une plaque de cuisson et arrosez-les avec 1 c. à café d'huile. Faites-les rôtir 20 min à four chaud (220 °C), jusqu'à ce qu'ils soient tendres et dorés. Réservez.

2 Mélangez la farine avec du sel, du poivre, 2 c. à soupe d'huile et 4 à 5 c. à soupe d'eau, pour avoir une pâte souple. Pétrissez-la, puis étalez-la sur un plan de travail fariné. Transférez-la dans une poêle antiadhésive allant au four et faites-la cuire 5 min à feu moyen, jusqu'à ce que le dessous commence à dorer. Retournez-la, puis prolongez la cuisson de 5 min.

3 Étalez la sauce dessus, répartissez les légumes et parsemez de fromage. Faites griller 3 à 4 min sous le gril du four à température moyenne. Servez.

RECETTE WAHOU !

PIZZA TOMATE-RICOTTA

POUR 6 PERSONNES

Préparation : 10 min
Cuisson : 35 min

500 g de pâte à pizza
800 g de tomates pelées et concassées en conserve
250 g de ricotta
1 oignon
2 poivrons jaunes
1 c. à café d'huile d'olive
2 c. à soupe de farine
10 tomates cerises
quelques feuilles de basilic

1 Émincez l'oignon, épépinez les poivrons et hachez-les grossièrement. Dans une poêle avec l'huile, faites-les revenir quelques minutes. Ajoutez les tomates, assaisonnez et laissez mijoter 10 min.

2 Étalez la pâte sur une plaque de cuisson farinée en un carré de 25 cm de côté. Placez en haut du four chaud (220 °C) pour 5 min.

3 Coupez 6 tomates cerises en 2. Badigeonnez la pâte du mélange aux poivrons, puis parsemez-la des demi-tomates cerises et des tomates entières. Déposez des petits tas de ricotta et enfournez pour 20 min. Parsemez de basilic et servez immédiatement.

PIZZAS TOMATE-BASILIC

POUR 4 PERSONNES

Préparation : 10 min
Cuisson : 16 à 20 min

2 pâtes à pizza préétalées
2 boules de mozzarella
50 g de parmesan râpé
100 g de tomates cerises
huile d'olive
feuilles de basilic

POUR LA SAUCE TOMATE

10 cl de purée de tomates en conserve
1 gousse d'ail
1 bouquet de basilic ciselé

1 Préparez la sauce tomate. Pelez et écrasez l'ail. Mélangez l'ail, la purée de tomates et le basilic. Salez, poivrez et laissez à température ambiante. Déroulez les pâtes sur des plaques de cuisson.

2 Étalez la sauce sur la pâte, répartissez la mozzarella coupée en rondelles par-dessus. Parsemez de parmesan et de tomates cerises coupées en 2. Arrosez d'huile. Faites cuire chaque pizza 8 à 10 min à four chaud (240 °C). Parsemez de basilic et servez.

SPÉCIAL KIDS

PIZZAS À LA PUTTANESCA

POUR 2 PERSONNES

Préparation : 10 min
Cuisson : 10 min

2 pâtes à pizza préétalées
8 c. à soupe de sauce tomate
1 gousse d'ail
6 anchois à l'huile, égouttés
quelques olives vertes et noires
1 petit bocal de câpres
100 g de tomates séchées, égouttées
1 petite poignée de feuilles de basilic
huile pimentée

1 Déroulez les pâtes sur 2 plaques et recouvrez-les de sauce tomate. Parsemez d'ail haché. Répartissez les anchois, les olives, les câpres et les tomates séchées.

2 Faites cuire 10 min à four chaud (220 °C). Parsemez de basilic et arrosez éventuellement d'huile pimentée.

EXPRESS

PIZZA À LA COURGE ET À LA FETA

POUR 4 À 6 PERSONNES

Préparation : 15 min
Cuisson : 30 min

2 pâtes à pizza préétalées
1 grosse courge
100 g de feta
2 oignons rouges
4 ou 5 brins de romarin
1 c. à soupe d'huile d'olive
1 c. à soupe de sucre en poudre
2 c. à soupe de vinaigre balsamique

1 Déroulez les pâtes sur des plaques de cuisson. Émincez les oignons, puis effeuillez 3 brins de romarin et hachez leurs feuilles. Pelez et épépinez la courge, coupez la chair en petits dés.

2 Dans une grande poêle avec l'huile, faites frire la courge, les oignons et le romarin haché 5 min. Ajoutez 20 cl d'eau et laissez cuire 10 min à feu vif, en remuant régulièrement, jusqu'à ce que le liquide réduise. Incorporez le sucre, le vinaigre, du sel et du poivre, puis répartissez le mélange sur la pâte.

3 Parsemez du reste de romarin, de feta émiettée et arrosez d'huile. Enfournez pour 15 min à four chaud (200 °C) et servez.

POUR RECEVOIR

PIZZA CHÈVRE, POMMES DE TERRE

POUR 2 PERSONNES

Préparation : 20 min
Cuisson : 15 à 20 min
Repos : 10 min

150 g de pâte à pizza
300 g de petites pommes de terre
150 à 200 g de bûche de chèvre
2 c. à soupe d'huile d'olive
2 brins de romarin
1/2 oignon rouge

1 Coupez les pommes de terre en fines rondelles. Faites-les cuire 5 ou 6 min à l'eau bouillante salée, pour qu'elles soient juste tendres. Égouttez puis mélangez avec la moitié de l'huile. Parsemez de romarin ciselé

2 Étalez finement la pâte en rectangle. Posez-la sur une plaque antiadhésive juste un peu plus grande et légèrement huilée. Couvrez de pommes de terre sans aller jusqu'aux bords. Coupez le fromage en rondelles, pelez et émincez l'oignon, puis répartissez-les sur la pizza. Arrosez du reste d'huile.

3 Laissez lever 10 min, puis faites cuire 10 à 15 min à four chaud (220 °C).

PETITES PIZZAS MARGARITA

POUR 6 PERSONNES

Préparation : 15 min
Cuisson : 4 min

500 g de pâte à pizza
6 c. à soupe de sauce tomate
1 petit bouquet de basilic
18 tomates cerises
250 g de mozzarella
25 g de parmesan râpé

1 Divisez la pâte en 6. Étalez les morceaux en disques de 20 cm de diamètre sur un plan de travail fariné. Placez-les sur des plaques de cuisson huilées.

2 Badigeonnez chaque disque de 1 c. à soupe de sauce tomate. Ciselez le basilic et coupez les tomates cerises en 2. Tranchez la mozzarella. Répartissez-les ainsi que le parmesan sur la sauce tomate. Faites cuire 4 min à four chaud (200 °C).

SPÉCIAL KIDS

EXPRESS

PIZZA COURGETTE, MOZZARELLA

POUR 2 PERSONNES

Préparation : 10 min
Cuisson : 10 à 12 min
Repos : 20 min

1 pâte à pizza préétalée
1 grosse courgette
250 g de mozzarella
1 poignée de tomates cerises
8 olives vertes
1 gousse d'ail
200 g de tomates concassées en conserve
1 c. à café de câpres en saumure
1 c. à soupe d'huile d'olive
2 c. à soupe de persil plat

1 Coupez les tomates cerises en 2, la courgette en lamelles à l'Économe et la mozzarella en morceaux. Hachez les olives grossièrement et l'ail finement haché.

2 Égouttez les tomates concassées. Répartissez-les sur la pâte jusqu'à 2 cm des bords. Ajoutez les tomates cerises, la courgette et la mozzarella. Mélangez les câpres égouttées avec les olives et l'ail, parsemez-en la pizza. Arrosez d'huile et laissez lever 20 min.

3 Faites cuire 10 à 12 min à four chaud (240 °C). Parsemez de persil ciselé et servez.

TOURTE À LA GRECQUE

POUR 4 PERSONNES

Préparation : 15 min
Cuisson : 30 min

250 g de pâte filo
200 g de pousses d'épinards
175 g de tomates séchées à l'huile en bocal
2 œufs
100 g de feta

1 Faites tomber les épinards dans une casserole avec 2 c. à soupe d'eau, puis égouttez-les et hachez-les. Émincez les tomates en réservant l'huile. Battez les œufs, ajoutez les épinards, les tomates, la feta émiettée et mélangez bien. Réservez.

2 Enduisez une face d'une feuille de filo d'huile des tomates, puis étalez-la dans une tourtière, face huilée en dessous, en la laissant largement dépasser. Procédez ainsi avec 2 autres feuilles. Superposez-les dans la tourtière en les décalant légèrement.

3 Versez la garniture sur la pâte puis rabattez les bords pour que la garniture soit entièrement recouverte. Faites cuire 30 min à four chaud (180 °C). Démoulez et servez.

RECETTE WAHOU !

TOURTE FROMAGE, POMME DE TERRE

POUR 6 PERSONNES

Préparation : 30 min
Cuisson : 1 h 30

500 g de pâte brisée
200 g de fromage à pâte dure
200 g de crème fraîche
1 kg de pommes de terre à chair farineuse
2 oignons
1 botte d'oignons nouveaux
1 pincée de noix de muscade
1 pincée de paprika
1 œuf

1 Coupez la moitié du fromage en petits dés. Râpez l'autre moitié et mélangez-la avec la crème. Garnissez des 2/3 de la pâte une tourtière graissée et farinée.

2 Émincez les pommes de terre et les oignons, hachez les oignons nouveaux, puis déposez-les dans la tourtière en alternant les couches avec de la crème, du poivre, de la muscade et du paprika.

3 Avec le reste de la pâte, façonnez un disque pour fermer la tourte. Badigeonnez le bord d'œuf battu, puis posez le disque sur la tourte. Pincez les bords pour les souder. Badigeonnez d'œuf battu. Faites cuire sur une plaque de cuisson 30 min à four chaud (200 °C). Baissez le four à 180 °C et prolongez la cuisson de 1 h. Laissez refroidir 10 min.

PETITS FORMATS POUR LE GOÛTER

Tartelettes de fruits rouges **128**

Tartelettes minute aux pommes **130**

Tartelettes aux noix de pécan **132**

Tartelettes citron et framboise **134**

Tartelettes de poires caramélisées **136**

Tourtes aux pommes et aux myrtilles **138**

Tartelettes aux fraises, chocolat blanc **140**

Tartelettes amandes et citron **142**

Tartelettes aux pêches **144**

Tartelettes fraises et amandes **146**

Tartelettes fruits secs et amandes **148**

Tartelettes crème et myrtilles **150**

Tartelettes à la rhubarbe **152**

Tartes Tatin banane et gingembre **154**

Tartelettes au citron meringuées **156**

Tartelettes crumble cerises, noisettes **158**

Tartelettes chocolat, macadamia **160**

Tartelettes muscade et laurier **162**

Tartelettes au sirop d'érable **164**

TARTELETTES DE FRUITS ROUGES

POUR 8 TARTELETTES

Préparation : 10 min
Cuisson : 20 min

350 g de pâte brisée
400 g de fruits rouges (fraises, framboises, myrtilles, etc.)
1 c. à café d'extrait de vanille
3 jaunes d'œufs
50 g de sucre en poudre
1 c. à soupe bombée de fécule de maïs
30 cl de lait
sucre glace
1 poignée d'éclats de pistaches

1 Fouettez la vanille avec les jaunes d'œufs, le sucre et la fécule. Faites tiédir le lait, puis ajoutez-le en continuant de fouetter. Reversez le tout dans la casserole et portez à ébullition à feu doux en remuant jusqu'à ce que la crème épaississe.

2 Étalez la pâte en 8 disques. Disposez-les dans des moules à tartelettes. Couvrez de papier sulfurisé et de haricots secs. Faites cuire 10 min à four chaud (170 °C). Ôtez le papier et les haricots, enfournez encore 5 min.

3 Garnissez les tartelettes de crème. Coupez les fruits en morceaux, puis répartissez-les dessus. Parsemez de sucre glace et de pistaches.

POUR RECEVOIR

TARTELETTES MINUTE AUX POMMES

POUR 4 PERSONNES

Préparation : 10 min
Cuisson : 6 à 10 min

4 grandes tranches de brioche nature ou aux raisins
3 petites pommes rouges à cuire
60 g de beurre
2 gousses de vanille
1 ou 2 c. à café de cannelle en poudre
4 c. à soupe de sucre roux
glace ou crème anglaise

1 Retirez le cœur des pommes et coupez-les en 4, puis en tranches très fines.

2 Coupez les brioches pour avoir 8 rectangles. Beurrez généreusement une face. Déposez-les sur du papier sulfurisé, côté beurré sur le dessus.

3 Coupez les gousses de vanille en 2, puis de nouveau en 2 dans la longueur. Disposez les pommes sur les brioches. Saupoudrez de cannelle et de sucre. Répartissez le reste de beurre et les morceaux de vanille. Passez 6 à 10 min à four chaud (200 °C), jusqu'à ce que les pommes soient cuites et la brioche dorée. Servez avec de la glace ou de la crème anglaise.

EXPRESS

TARTELETTES AUX NOIX DE PÉCAN

POUR 6 TARTELETTES

Préparation : 25 min
Cuisson : 25 min

175 g de cerneaux de noix de pécan
50 g de beurre
4 gros œufs
85 g de sucre roux
175 g de sirop d'érable
1 c. à café d'extrait de vanille
2 c. à soupe de bourbon (ou d'un autre whisky)
crème fraîche épaisse

POUR LA PÂTE

150 g de beurre
300 g de farine
50 g de sucre blond

1 Préparez la pâte. Faites fondre le beurre, laissez-le refroidir, puis mélangez-le du bout des doigts avec la farine et le sucre, jusqu'à l'obtention d'une pâte homogène. Pressez-la contre le fond et les bords de 6 moules à tartelettes.

2 Réservez 18 cerneaux de noix et hachez grossièrement le reste. Mélangez le beurre avec les œufs, le sucre, le sirop d'érable, l'extrait de vanille, le bourbon et les noix hachées. Versez sur les tartes, puis posez 3 cerneaux de noix sur chacune. Faites cuire 25 min à four chaud (190 °C), jusqu'à ce que la pâte soit dorée. Servez avec de la crème.

TARTELETTES CITRON ET FRAMBOISE

POUR 8 TARTES

Préparation : 20 min
Cuisson : 25 min

500 g de pâte sablée

POUR LA CRÈME AU CITRON

3 citrons non traités
125 g de beurre ramolli
225 g de sucre en poudre
2 œufs entiers + 1 jaune

POUR LA CRÈME À LA FRAMBOISE

300 g de framboises
1/2 citron
125 g de sucre en poudre
125 g de beurre ramolli
2 œufs entiers + 2 jaunes

1 Garnissez de pâte 8 moules à tartelettes beurrés. Piquez-la, couvrez de papier sulfurisé et de haricots secs et faites cuire 15 min à four chaud (200 °C).

2 Préparez la crème au citron. Chauffez le beurre avec le sucre, le zeste et le jus de citron. Mélangez jusqu'à ce que le sucre soit dissous. Incorporez les œufs battus. Chauffez jusqu'à épaississement. Réservez au frais. Procédez de même pour la crème à la framboise.

3 Remplissez les fonds de tarte à moitié de crème au citron et de crème à la framboise.

RECETTE WAHOU !

TARTELETTES DE POIRES CARAMÉLISÉES

POUR 4 TARTELETTES

Préparation : 20 min
Cuisson : 20 min

1 pâte feuilletée préétalée
2 petites poires mûres
1 c. à soupe de caramel liquide ou de dulce de leche
1 œuf battu
crème fraîche

1 Coupez les poires en 2, épépinez-les, puis tranchez-les en fines lamelles sans aller jusqu'au bout, de façon à former un éventail.

2 Coupez la pâte en 4 disques de 12 cm de diamètre et disposez-les sur une plaque de cuisson recouverte de papier sulfurisé. Déposez 1/2 c. à café de caramel au centre de chaque disque, puis une poire en éventail.

3 Badigeonnez les bordures d'œuf et faites dorer 20 min à four chaud (200 °C). Servez avec de la crème.

POUR RECEVOIR

TOURTES AUX POMMES ET AUX MYRTILLES

POUR 12 TOURTES

Préparation : 30 min
Cuisson : 40 min

150 g de beurre
300 g de farine
2 c. à soupe de sucre glace
1 jaune d'œuf
un peu de lait
2 c. à soupe de sucre blond cristallisé

POUR LA GARNITURE

3 pommes à couteau
1 pomme à cuire
1/2 citron
25 g de sucre blond en poudre
1 noix de beurre
125 g de myrtilles

1 Malaxez à la main le beurre en dés avec la farine pour obtenir un mélange sableux. Ajoutez le sucre glace. Battez le jaune d'œuf avec 2 c. à soupe d'eau glacée, puis incorporez-les à la préparation. Pétrissez la pâte, filmez et placez 30 min au frais.

2 Préparez la garniture. Pelez les pommes et coupez-les en dés. Pressez le citron. Dans une casserole à couvert, faites cuire les pommes avec le sucre, le beurre et le jus de citron 10 min à feu doux. Ajoutez les myrtilles, chauffez 5 min de plus et laissez refroidir.

3 Étalez la pâte sur un plan de travail fariné. Découpez 12 disques et déposez-les dans des moules à tartelettes, puis découpez 12 autres disques plus petits. Répartissez la garniture sur les tartes, enduisez les bords de lait et recouvrez des autres disques, en pressant pour souder les bords. Percez une cheminée, badigeonnez de lait et saupoudrez de sucre blond, puis faites cuire 25 min à four chaud (190 °C). Servez froid.

TARTELETTES AUX FRAISES, CHOCOLAT BLANC

POUR 24 TARTELETTES

Préparation : 30 min
Cuisson : 20 min
Repos : 1 h 20

180 g de farine
60 g de sucre glace
1 c. à soupe de noisettes
1 pincée de sel
90 g de beurre
1 œuf

POUR LA GARNITURE

12 petites fraises
200 g de chocolat blanc
15 cl de crème fraîche épaisse

1 Mixez la farine, le sucre glace, les noisettes et le sel. Incorporez le beurre en petits dés en continuant de mixer, jusqu'à l'obtention d'un mélange sableux. Ajoutez l'œuf et mixez jusqu'à ce que la pâte forme une boule – mouillez avec un peu d'eau si nécessaire.

2 Étalez la pâte finement sur un plan de travail fariné. Découpez 24 disques de 8 cm de diamètre et déposez-les dans des moules à muffins. Placez 20 min au congélateur, puis faites cuire 15 min à four chaud (180 °C).

3 Préparez la garniture. Chauffez la crème au bain-marie, puis râpez le chocolat et incorporez-le au fouet jusqu'à l'obtention d'un mélange homogène. Répartissez-le sur les tartes, puis réservez 1 h au frais. Déposez 1/2 fraise sur chaque tartelette et servez.

SPÉCIAL KIDS

TARTELETTES AMANDES ET CITRON

POUR 6 TARTELETTES

Préparation : 25 min
Cuisson : 25 min

350 g de pâte brisée
6 c. à soupe de lemon curd
25 g d'amandes effilées
sucre glace
crème fraîche

POUR LA FRANGIPANE

2 citrons non traités
100 g de beurre ramolli
100 g de sucre blond
2 œufs
75 g d'amandes en poudre
25 g de farine

1 Garnissez 6 moules à tartelettes beurrés de pâte, puis découpez. Réservez au frais.

2 Préparez la frangipane. Prélevez le zeste des citrons et mettez-le dans un saladier avec le beurre et le sucre. Travaillez jusqu'à l'obtention d'un mélange crémeux. Ajoutez les œufs un par un et 1 c. d'amandes en poudre en continuant à fouetter, puis incorporez le reste des amandes et la farine.

3 Étalez le lemon curd sur les tartes, puis recouvrez de frangipane. Parsemez d'amandes effilées et faites cuire 25 min à four chaud (200 °C). Démoulez, saupoudrez de sucre glace et servez avec de la crème.

POUR RECEVOIR

TARTELETTES AUX PÊCHES

POUR 4 PERSONNES

Préparation : 30 min
Cuisson : 15 à 20 min
Repos : 10 min

250 g de pâte feuilletée
3 pêches
100 g d'amandes en poudre
100 g de beurre ramolli
1 œuf
50 g de sucre blond en poudre

1 Malaxez les amandes, le beurre, l'œuf et la moitié du sucre. Étalez la pâte feuilletée et découpez 4 disques de 13 cm de diamètre. Posez-les sur une plaque et étalez 1 c. à soupe du mélange à base d'amandes sur chacun, en laissant une bordure libre. Détaillez les pêches en lamelles, et disposez-les en rosace sur la pâte. Laissez reposer au moins 10 min au frais, puis faites cuire 10 min à four chaud (220 °C).

2 Saupoudrez du reste de sucre. Recouvrez de papier sulfurisé, posez une seconde plaque dessus et retournez l'ensemble pour que les tartes se retrouvent à l'envers. Enfournez de nouveau pour 5 à 10 min, jusqu'à ce que la pâte soit croustillante et les pêches bien caramélisées. Servez tiède ou froid.

TARTELETTES FRAISES ET AMANDES

POUR 6 TARTELETTES

Préparation : 25 min
Cuisson : 20 à 25 min

375 g de pâte feuilletée préétalée
400 g de fraises
200 g de pâte d'amande
25 g de beurre
25 g de sucre blond
25 g d'amandes effilées
glace à la vanille

1 Coupez la pâte en 6 rectangles, piquez-les à la fourchette et posez-les sur une plaque antiadhésive.

2 Faites fondre le beurre. Badigeonnez-en les bords des tartelettes. Coupez la pâte d'amande en tranches fines et déposez-les 2 par 2 sur chaque rectangle de pâte. Émincez-les, puis rangez-les sur les tartelettes. Arrosez du reste de beurre et saupoudrez de sucre. Faites cuire 20 à 25 min à four chaud (200 °C).

3 Dans une poêle antiadhésive, faites griller à sec les amandes. Parsemez-en les tartelettes. Servez chaud, avec une boule de glace à la vanille.

POUR RECEVOIR

TARTELETTES FRUITS SECS ET AMANDES

POUR 16 À 18 TARTELETTES

Préparation : 10 min
Cuisson : 10 min

375 g de pâte feuilletée préétalée
300 g de crème anglaise
6 c. à soupe d'amandes en poudre
410 g de mincemeat (mélange de fruits secs et confits, au rayon produits du monde)
amandes effilées
sucre glace

1 Mélangez la crème anglaise avec les amandes en poudre. Déroulez la pâte, puis découpez des disques de 7 cm de diamètre. Pétrissez les chutes de pâte et répétez l'opération pour avoir 16 à 18 disques. Disposez-les dans les alvéoles d'un moule à muffins.

2 Déposez 1 c. à café bombée de crème aux amandes sur chaque tartelette, puis ajoutez 1 c. à café de mincemeat et parsemez d'amandes effilées. Faites cuire 10 min à four chaud (220 °C). Servez tiède, saupoudré de sucre glace.

EXPRESS

TARTELETTES CRÈME ET MYRTILLES

POUR 24 TARTELETTES

Préparation : 20 min
Cuisson : 15 min

250 g de myrtilles
100 g de beurre ramolli
100 g de sucre blond + 25 g pour servir
100 g de noisettes émondées
250 g de mascarpone
2 ou 3 c. à soupe de lait
3 c. à soupe de lemon curd

1 Battez le beurre avec une cuillère en bois, jusqu'à ce que le mélange soit crémeux. Mixez les noisettes en poudre, puis incorporez-les. Versez 1 c. à café bombée du mélange dans 12 moules à muffins antiadhésifs. Faites cuire 10 min à four chaud (180 °C), jusqu'à ce que les fonds soient dorés et légèrement gonflés. Laissez durcir 5 min, puis démoulez.

2 Fouettez le mascarpone avec le lait jusqu'à ce que le mélange soit crémeux. Incorporez le lemon curd, puis garnissez-en les tartelettes.

3 Délayez les 25 g de sucre avec 1 c. à soupe d'eau dans une casserole à feu moyen, portez à ébullition 30 sec. Hors du feu, incorporez les myrtilles et laissez refroidir. Répartissez sur les tartelettes et servez.

TARTELETTES À LA RHUBARBE

POUR 4 TARTELETTES

Préparation : 15 min
Cuisson : 25 min

250 g de pâte feuilletée en bloc
5 tiges de rhubarbe
1 c. à café de cannelle en poudre
3 c. à soupe de farine
5 c. à soupe de vergeoise
45 g de beurre
50 g de flocons d'avoine

1 Coupez la rhubarbe en tronçons de 3 cm, puis mélangez-les avec la cannelle, 1 c. à soupe de farine et 2 c. à soupe de vergeoise. Étalez la pâte en un rectangle de 20 x 30 cm. Coupez-le en 4 et transférez sur une plaque de cuisson recouverte de papier sulfurisé.

2 Mélangez le reste de la farine et de la vergeoise avec le beurre et les flocons d'avoine jusqu'à l'obtention d'une pâte sableuse. Garnissez les fonds de tarte de rhubarbe, en laissant un espace de 1 cm autour, puis parsemez de mélange aux flocons. Repliez les angles de pâte pour retenir la garniture. Faites cuire 25 min à four chaud (200 °C). Servez chaud.

TARTES TATIN BANANE ET GINGEMBRE

POUR 6 TARTES

Préparation : 10 min
Cuisson : 25 min

375 g de pâte feuilletée préétalée
4 bananes
1 morceau de gingembre de 1 cm
200 g de sucre blond
2 c. à café de lait
glace à la vanille

1 Pelez et râpez le gingembre. Coupez les bananes en rondelles. Dans une casserole, portez à ébullition 4 c. à soupe d'eau avec le sucre en remuant sans cesse jusqu'à ce que le sucre soit dissous, puis laissez bouillir jusqu'à ce qu'il forme un caramel doré.

2 Coupez la pâte en 6 disques de 10 cm de diamètre. Saupoudrez 6 moules à muffins de gingembre, puis versez dans chacun 1 c. à café de caramel. Déposez de la banane et recouvrez de pâte en appuyant légèrement. Badigeonnez de lait, puis faites cuire 20 min à four chaud (220 °C). Servez avec de la glace.

POUR RECEVOIR

TARTELETTES AU CITRON MERINGUÉES

POUR 8 TARTELETTES

Préparation : 30 min
Cuisson : 30 min
Repos : 35 min

500 g de pâte brisée

POUR LA CRÈME AU CITRON

2 citrons non traités
2 œufs entiers + 1 jaune
75 g de beurre
100 g de sucre en poudre

POUR LA MERINGUE

2 blancs d'œufs
50 g de sucre en poudre

1 Découpez la pâte en 8 disques. Déposez-les dans des moules à muffins, puis piquez-les à la fourchette et réservez 15 min au frais. Garnissez les fonds de papier sulfurisé et de haricots secs, puis faites cuire 20 min à four chaud (180 °C). Augmentez le four à 230 °C.

2 Préparez la crème au citron. Prélevez le zeste des citrons et pressez les fruits. Battez les œufs. Ajoutez le beurre en dés, le sucre, le jus de citron et mélangez bien. Chauffez au bain-marie, puis fouettez jusqu'à épaississement. Hors du feu, incorporez le zeste. Garnissez-en les tartes et réservez 20 min au frais.

3 Pour la meringue, battez les blancs en neige ferme. Incorporez le sucre tout en fouettant, jusqu'à avoir une meringue satinée. Couvrez-en chaque tartelette à la poche à douille. Enfournez pour 2 ou 3 min. Laissez refroidir, démoulez et servez avec le reste de crème.

POUR RECEVOIR

TARTELETTES CRUMBLE CERISES, NOISETTES

POUR 12 PERSONNES

Préparation : 25 min
Cuisson : 25 à 30 min
Repos : 30 min

500 g de cerises dénoyautées
50 g de noisettes
200 g de farine
50 g de noisettes en poudre
140 g de beurre froid
50 g de sucre en poudre
3 c. à soupe de gelée de framboises ou de mûres
2 c. à soupe de cassonade

1 Mixez la farine avec les noisettes en poudre et le beurre en dés jusqu'à l'obtention d'une fine semoule. Ajoutez le sucre et mixez brièvement. Réservez 3 c. à soupe de ce mélange. Versez 1 ou 2 c. à soupe d'eau froide, puis mixez pour obtenir une pâte. Pétrissez, filmez et mettez 20 min au frais.

2 Étalez la pâte, puis découpez des disques de 10 à 12 cm de diamètre. Foncez-en des moules à tartelettes.

3 Chauffez la gelée dans une casserole, puis ajoutez les cerises dénoyautées. Versez sur les fonds de pâte. Incorporez les noisettes hachées et la cassonade dans le mélange réservé, puis versez sur les tartes. Faites cuire 25 à 30 min à four chaud (190 °C). Laissez refroidir 10 min, démoulez et servez.

TARTELETTES CHOCOLAT, MACADAMIA

POUR 4 TARTELETTES

Préparation : 30 min
Cuisson : 25 min
Repos : 30 min

375 g de pâte sablée
200 g de chocolat noir
85 g de noix de macadamia
2 c. à soupe de crème fraîche épaisse
1 c. à soupe d'amaretto ou de cognac (facultatif)
2 gros œufs entiers + 1 jaune
50 g de sucre en poudre
sucre glace pour servir

1 Garnissez 4 moules à tartelette de pâte. Réservez 30 min au congélateur, puis couvrez de papier sulfurisé et de haricots secs. Faites cuire 15 min à four chaud (190 °C). Ôtez les haricots et le papier et prolongez la cuisson de 3 à 5 min, jusqu'à ce que la pâte ait la consistance d'un biscuit.

2 Cassez le chocolat, hachez les noix. Au bain-marie, chauffez le chocolat et la crème. Fouettez les œufs avec le sucre, jusqu'à ce que le mélange soit mousseux. Incorporez le chocolat fondu et les 3/4 des noix hachées. Versez sur les tartelettes, parsemez du reste de noix, puis enfournez pour 12 min. Servez saupoudré de sucre glace.

TARTELETTES MUSCADE ET LAURIER

POUR 6 TARTELETTES

Préparation : 20 min
Cuisson : 40 min

500 g de pâte brisée préétalée
4 œufs
1 c. à soupe de sucre blond
30 cl de crème liquide
muscade râpée
6 petites feuilles de laurier

1 Découpez la pâte en disques de 10 cm de diamètre et déposez-les dans des moules beurrés. Piquez les fonds, garnissez de papier sulfurisé et de haricots secs, puis faites cuire 10 min à four chaud (200 °C).

2 Séparez les jaunes des blancs de 3 œufs. Badigeonnez les tartes de blanc d'œuf. Baissez le four à 150 °C.

3 Mélangez l'œuf entier avec les 3 jaunes et le sucre. Dans une casserole, portez à frémissement la crème, puis incorporez-la au mélange précédent en fouettant. Ajoutez 2 pincées de muscade. Placez les moules sur une plaque et répartissez la préparation dedans. Saupoudrez de muscade, puis disposez une feuille de laurier sur chaque tartelette. Enfournez pour 30 min, laissez refroidir, démoulez et servez.

TARTELETTES AU SIROP D'ÉRABLE

POUR 8 PERSONNES

Préparation : 25 min
Cuisson : 25 min
Repos : 1 h 15

200 g de beurre froid
350 g de farine
1/2 c. à café de gingembre en poudre
100 g de sucre blond en poudre
1 jaune d'œuf
400 g de sirop d'érable
le jus de 1/2 citron
le zeste râpé de 1 citron
100 g de chapelure

1 Mixez le beurre en dés, la farine et le gingembre. Incorporez le sucre. Ajoutez le jaune d'œuf et 2 c. à café d'eau froide, puis mixez encore pour avoir une pâte homogène. Façonnez une boule et réservez 1 h au frais.

2 Préchauffez le four à 180 °C avec une plaque de cuisson. Étalez la pâte et découpez 8 disques. Placez-les dans des moules. Pétrissez les chutes de pâte, étalez-les sur 6 mm d'épaisseur et coupez 8 cœurs. Placez les moules et les cœurs 15 min au frais.

3 Mélangez le sirop d'érable avec le jus et le zeste de citron. Répartissez la chapelure dans les moules, puis versez lentement le sirop citronné. Surmontez d'un cœur en pâte. Posez les moules sur la plaque chaude, puis enfournez pour 25 min.

SPÉCIAL KIDS

À PARTAGER AU DESSERT

Tarte fine aux pommes 168

Tarte aux fraises 170

Tarte à la rhubarbe et à la pomme 172

Tarte aux fruits secs 174

Tarte aux mûres et aux fraises 176

Tarte épicée aux pommes 178

Tarte reines-claudes, vanille 180

Tatin aux pommes et au calvados 182

Tarte aux pignons et raisins secs 184

Tarte aux abricots caramélisée 186

Tarte aux abricots et amandes 188

Tarte frangipane aux pêches 190

Tarte aux groseilles à maquereau **192**

Tarte poires, pâte d'amande **194**

Tarte à la noix de coco **196**

Tarte feuilletée aux figues **198**

Tarte amandine aux prunes **200**

Tarte au citron **202**

Tarte au gingembre et aux poires **204**

Tarte aux framboises et amandes **206**

Tarte au chocolat et au gingembre **208**

Tarte aux amandes **210**

Chausson aux pommes et dattes **212**

TARTE FINE AUX POMMES

POUR 6 PERSONNES

Préparation : 15 min
Cuisson : 15 à 20 min

375 g de pâte feuilletée
5 grosses pommes type golden
le jus de 1 citron
25 g de beurre
3 c. à café de sucre vanillé
1 c. à soupe de sucre en poudre
3 c. à soupe bombées de confiture d'abricot

1 Étalez la pâte en un cercle de 35 cm de diamètre. Mettez-le sur une plaque tapissée de papier sulfurisé.

2 Pelez les pommes, évidez-les et tranchez-les finement. Arrosez-les de jus de citron et répartissez-les sur la pâte, en laissant un bord de 2 cm libre. Roulez le bord. Parsemez de beurre. Saupoudrez des 2 sucres, puis faites cuire 15 à 20 min à four chaud (200 °C).

3 Chauffez la confiture au micro-ondes et, si vous le souhaitez, filtrez-la. Sortez la tarte du four, puis badigeonnez-la de confiture. Servez chaud.

SPÉCIAL KIDS

TARTE AUX FRAISES

POUR 8 PERSONNES

Préparation : 30 min
Cuisson : 20 min

250 g de pâte sablée préétalée
500 g de petites fraises
2 c. à soupe de gelée de groseille

POUR LA CRÈME PÂTISSIÈRE

5 jaunes d'œufs
2 c. à café de sucre vanillé
100 g de sucre blond en poudre
50 g de farine
42,5 cl de lait
25 g de beurre

1 Déposez la pâte dans une tourtière. Recouvrez-la de papier sulfurisé et de haricots secs, faites cuire 10 min à four chaud (190 °C). Retirez le papier et les haricots, puis enfournez encore 5 min. Laissez refroidir, démoulez et posez sur une grille.

2 Préparez la crème pâtissière. Faites blanchir les jaunes d'œufs avec les sucres. Incorporez la farine. Chauffez le lait dans une casserole, puis ajoutez-le en remuant. Versez le tout dans la casserole, faites épaissir à feu doux, sans cesser de remuer. Hors du feu, ajoutez le beurre, mélangez et versez dans un bol. Filmez et laissez refroidir.

3 Étalez la crème sur la tarte. Rangez dessus les fraises coupées en 2. Chauffez un peu la gelée, enduisez-en les fruits avec un pinceau et servez.

TARTE À LA RHUBARBE ET À LA POMME

POUR 6 PERSONNES

Préparation : 25 min
Cuisson : 30 min

1 pâte brisée préétalée
400 g de pommes type golden
400 g de rhubarbe
2 morceaux de gingembre confit de 2 cm
120 g de sucre roux
2 c. à soupe de fécule de maïs
lait
crème anglaise

1 Mettez la pâte sur une plaque de cuisson graissée. Coupez les pommes en lamelles et la rhubarbe en morceaux. Hachez le gingembre. Mélangez ces ingrédients avec 100 g de sucre et la fécule. Versez au centre de la pâte. Ramenez les bords vers le centre autour de la garniture, en formant un ovale.

2 Badigeonnez la pâte de lait et saupoudrez du reste de sucre. Faites cuire 30 min à four chaud (180 °C). Servez avec de la crème anglaise.

TARTE AUX FRUITS SECS

POUR 4 PERSONNES

Préparation : 15 min
Cuisson : 20 min

230 g de pâte feuilletée
200 g de mélange de fruits secs
1 orange
3 c. à soupe de confiture d'abricot
200 g de pâte d'amande

1 Déposez les fruits secs dans un grand bol, râpez le zeste de l'orange et pressez le fruit au-dessus du bol. Mélangez et laissez les fruits.

2 Étalez la pâte en un rectangle en formant un rebord autour. Tartinez de confiture et placez 10 min au frais. Égouttez les fruits, remettez-les dans le bol, puis incorporez la pâte d'amande émiettée. Étalez cette préparation sur le fond de tarte.

3 Faites cuire 20 min à four chaud (220 °C), jusqu'à ce que la pâte soit gonflée et dorée. Servez.

TARTE AUX MÛRES ET AUX FRAISES

POUR 8 PERSONNES

Préparation : 25 min
Cuisson : 15 min

1 pâte brisée préétalée
500 g de fraises
450 g de mûres
30 cl de crème fraîche épaisse
250 g de mascarpone
1 gousse de vanille
75 g de sucre en poudre
4 c. à soupe de lemon curd
sucre glace pour servir

1 Garnissez de pâte une tourtière de 23 cm de diamètre, puis faites cuire 15 min à four chaud (180 °C). Laissez refroidir.

2 Fouettez la crème et le mascarpone jusqu'à ce que le mélange soit lisse. Incorporez les graines de vanille. Ajoutez le sucre, le lemon curd et mélangez jusqu'à ce que la crème soit homogène. Versez-la sur la pâte.

3 Disposez les fraises et les mûres sur la tarte, saupoudrez de sucre glace et servez.

TARTE ÉPICÉE AUX POMMES

POUR 8 PERSONNES

Préparation : 10 min
Cuisson : 20 min

225 g de pâte brisée préétalée
2 pommes golden
25 g de sucre blond
1 bonne pincée de cannelle en poudre, de noix de muscade ou de quatre-épices
410 g de mincemeat (mélange de fruits secs et confits, au rayon produits du monde)

1 Mélangez le sucre et la cannelle. Déroulez la pâte sur une plaque de cuisson et répartissez le mincemeat dessus, sans aller jusqu'au bord. Pelez les pommes, évidez-les et coupez-les en lamelles. Disposez-les sur la tarte et saupoudrez de sucre à la cannelle.

2 Relevez le bord de la pâte et pressez-le régulièrement pour former un rebord. Faites cuire 20 min à four chaud (200 °C), jusqu'à ce que la pâte soit dorée et les pommes ramollies. Servez tiède.

TARTE REINES-CLAUDES, VANILLE

POUR 8 PERSONNES

Préparation : 25 min
Cuisson : 50 min
Repos : 10 min

1 pâte brisée préétalée
450 g de reines-claudes
1 c. à soupe de sucre en poudre
sucre glace pour servir

POUR LA CRÈME

2 œufs moyens
1 c. à café d'extrait de vanille
2 c. à soupe de sucre en poudre
15 cl de crème fraîche

1 Foncez un moule de pâte. Coupez les bords en excès, puis couvrez de papier sulfurisé et de haricots secs. Posez le moule sur une plaque et faites cuire 15 min à four chaud (200 °C). Retirez le papier et les haricots, puis enfournez encore 5 min.

2 Mettez les prunes dans un plat à four, saupoudrez de sucre, puis faites-les cuire. Égouttez-les. Coupez-les en 2, dénoyautez-les puis déposez-les sur le fond de tarte, côté peau vers le bas. Baissez le four à 160 °C.

3 Préparez la crème. Battez légèrement les œufs, puis ajoutez la vanille, le sucre et la crème en mélangeant. Versez sur les fruits et enfournez pour 30 min. Laissez refroidir 10 min avant de démouler. Saupoudrez de sucre glace avant de servir.

TATIN AUX POMMES ET AU CALVADOS

POUR 4 PERSONNES

Préparation : 25 min
Cuisson : 30 à 40 min

375 g de pâte feuilletée
6 pommes moyennes (type gala ou reinette)
50 g de beurre
50 g de cassonade
1/2 c. à café de cannelle

POUR LA CRÈME AU CALVADOS

20 cl de crème fraîche
2 c. à soupe de sucre glace
1 c. à soupe de calvados

1 Faites fondre le beurre à feu moyen dans une tourtière de 20 cm de diamètre. Ajoutez la cassonade et laissez caraméliser un peu. Incorporez la cannelle et les pommes pelées, épépinées et coupées en 4. Enfournez pour 10 min à four chaud (220 °C), en remuant souvent.

2 Piquez la pâte à la fourchette avant de l'étaler sur les pommes. Rentrez les bords à l'intérieur de la tourtière. Enfournez pour 20 à 30 min, jusqu'à ce que la pâte soit dorée. Laissez reposer 5 min avant de décoller les bords avec un couteau. Démoulez sur un plat.

3 Préparez la crème : mélangez la crème avec le sucre et le calvados. Servez avec la tarte.

POUR RECEVOIR

TARTE AUX PIGNONS ET RAISINS SECS

POUR 6 À 8 PERSONNES

Préparation : 20 min
Cuisson : 35 à 40 min
Macération : 12 h
Repos : 1 h

100 g de raisins secs
4 c. à soupe de rhum
85 g de pignons de pin
sucre glace pour servir

POUR LA PÂTE

140 g de beurre en dés
300 g de farine
50 g de sucre glace
1 œuf

POUR LA CRÈME

5 jaunes d'œufs
140 g de sucre blond en poudre
30 cl de crème liquide
1/2 c. à café d'extrait de vanille liquide

1 La veille, faites macérer les raisins dans le rhum.

2 Le jour même, mélangez tous les ingrédients de la pâte au robot. Tapissez-en un moule de 25 cm de diamètre. Laissez reposer 1 h au frais.

3 Recouvrez la pâte de papier sulfurisé et de haricots secs et faites cuire 10 min à four chaud (180 °C). Retirez le papier et les haricots.

4 Préparez la crème. Faites blanchir les jaunes d'œufs avec le sucre. Ajoutez la crème et la vanille.

5 Égouttez les raisins, étalez-les sur la tarte avec 50 g de pignons, puis versez la crème. Enfournez pour 25 à 30 min. Laissez refroidir et mettez au frais. Parsemez des pignons restants et de sucre glace au moment de servir.

TARTE AUX ABRICOTS CARAMÉLISÉE

POUR 10 PARTS

Préparation : 20 min
Cuisson : 45 min
Repos : 30 min

250 g d'abricots secs moelleux
100 g de sucre blond en poudre
+ 4 c. à soupe pour caraméliser
17,5 cl de vin blanc doux
30 cl de crème fraîche épaisse
1 gousse de vanille
4 œufs battus

POUR LA PÂTE

140 g de beurre
100 g de sucre en poudre
250 g de farine
25 g d'amandes en poudre
1 œuf

1 Préparez la pâte. Malaxez le beurre avec le sucre. Ajoutez la farine, les amandes et l'œuf battu. Formez une boule et laissez reposer 30 min au frais. Chauffez le sucre et le vin jusqu'à ébullition. Versez sur les abricots et laissez tremper. Faites bouillir la crème et la gousse de vanille fendue. Laissez infuser hors du feu.

2 Étalez la pâte et déposez-la dans une tourtière. Couvrez de papier sulfurisé et de haricots secs et faites cuire 10 min à four chaud (220 °C). Retirez le papier et les haricots et laissez cuire encore 5 min. Sortez du four et baissez la température à 160 °C.

3 Grattez la gousse de vanille. Versez la crème vanillée sur les œufs en fouettant. Étalez les abricots égouttés sur la tarte. Mélangez le vin de trempage à la crème vanillée, versez sur les abricots. Enfournez pour 30 min, pour que la crème soit prise. Laissez refroidir, saupoudrez de sucre et caramélisez au chalumeau.

RECETTE WAHOU !

TARTE AUX ABRICOTS ET AMANDES

POUR 8 PERSONNES

Préparation : 15 min
Cuisson : 20 à 25 min

370 g de pâte feuilletée
900 g d'abricots mûrs
50 g d'amandes en poudre
2 c. à soupe de sucre glace

1 Humidifiez légèrement une plaque de cuisson, puis déroulez la pâte dessus et garnissez-la d'amandes. Coupez les abricots en 2, dénoyautez-les, puis rangez-les sur la pâte, côté peau en dessous.

2 Saupoudrez les abricots de sucre glace, puis faites cuire 20 à 25 min à four chaud (200 °C).

TARTE FRANGIPANE AUX PÊCHES

POUR 8 PERSONNES

Préparation : 25 min
Cuisson : 1 h 05
Repos : 20 min

500 g de pâte brisée
4 pêches
1 blanc d'œuf
le jus de 1 citron
20 cl de vin doux
100 g de sucre en poudre

POUR LA FRANGIPANE

3 œufs
le zeste de 1/2 citron
75 g d'amandes émondées
100 g de noisettes émondées
150 g de beurre ramolli
100 g de sucre en poudre
75 g de farine

1 Étalez la pâte sur une épaisseur de 3 mm dans un moule. Piquez à la fourchette et réservez 20 min au frais. Faites cuire 20 min à four chaud (180 °C), badigeonnez de blanc d'œuf et enfournez 2 min de plus.

2 Coupez les pêches en quartiers. Dans une casserole, portez à ébullition le vin avec le sucre, le jus de citron et 10 cl d'eau jusqu'à ce que le sucre soit dissous. Baissez le feu, ajoutez les pêches et chauffez encore 10 min. Laissez refroidir, puis faites réduire le reste du sirop jusqu'à ce qu'il en reste 6 à 8 c. à soupe.

3 Battez les œufs. Hachez finement les amandes et les noisettes au robot, réservez-les. Rincez le bol du robot, réunissez-y le beurre et le sucre, puis mixez jusqu'à l'obtention d'un mélange crémeux. Incorporez les œufs, la farine, le zeste, les amandes et les noisettes, puis mixez. Versez sur le fond de tarte. Disposez les pêches par-dessus et enfournez pour 30 min. Badigeonnez de sirop, laissez refroidir et servez.

TARTE AUX GROSEILLES À MAQUEREAU

POUR 8 PERSONNES

Préparation : 30 min
Cuisson : 1 h 10

375 g de pâte brisée
400 g de groseilles à maquereau
50 g de sucre blond en poudre
2 c. à soupe de liqueur de fleur de sureau
2 c. à soupe de fécule de maïs
3 jaunes d'œufs
75 g de beurre ramolli

POUR LA MERINGUE

3 blancs d'œufs
175 g de sucre blond

1 Étalez la pâte dans un moule et piquez-la à la fourchette. Couvrez de papier sulfurisé et de haricots secs, puis faites cuire 20 min à four chaud (200 °C). Baissez le four à 150 °C.

2 Mettez les groseilles dans une casserole avec le sucre et 30 cl d'eau. Portez à frémissement et laissez cuire 5 min. Incorporez la liqueur. Filtrez le jus de cuisson dans une autre casserole et prélevez-en 2 c. à soupe. Mélangez-les avec la fécule, puis remettez dans la casserole et portez de nouveau à frémissement en remuant constamment, jusqu'à épaississement. Ajoutez les jaunes d'œufs, le beurre et les groseilles, mélangez, puis versez dans le moule.

3 Préparez la meringue. Montez les blancs en neige et incorporez le sucre en 2 fois. À la poche à douille, répartissez la meringue sur la tarte et enfournez pour 40 min. Laissez tiédir, démoulez et servez.

POUR RECEVOIR

TARTE POIRES, PÂTE D'AMANDE

POUR 6 PERSONNES

Préparation : 25 min
Cuisson : 55 min

500 g de pâte brisée
3 poires non pelées
500 g de pâte d'amande
200 g de sucre blond
3 c. à soupe de sucre roux

1 Coupez les poires en 2, puis épépinez-les. Dans une casserole, portez à ébullition 40 cl d'eau avec le sucre, en remuant constamment jusqu'à ce que le sucre soit dissous. Plongez-y les poires 5 min, égouttez-les et laissez-les refroidir.

2 Étalez la pâte dans un moule rectangulaire sur une épaisseur de 2 mm. Couvrez de papier sulfurisé et de haricots secs, puis faites cuire 15 min à four chaud (200 °C). Retirez le papier et les haricots et prolongez la cuisson de 5 min. Laissez refroidir quelques minutes.

3 Étalez la pâte d'amandes uniformément sur la tarte. Disposez les poires, face coupée vers le bas, saupoudrez de sucre roux, puis enfournez pour 25 min. Laissez tiédir, démoulez, et servez.

RECETTE WAHOU !

TARTE À LA NOIX DE COCO

POUR 6 PERSONNES

Préparation : 25 min
Cuisson : 50 min

500 g de pâte brisée
175 g de noix de coco en poudre
1/2 c. à café de cannelle en poudre
4 gousses de cardamome
225 g de sucre en poudre
farine
25 g de beurre
1 œuf

1 Mélangez les épices dans une casserole avec la noix de coco, le sucre et 15 cl d'eau. Faites cuire 5 min à feu doux en remuant régulièrement, puis laissez refroidir.

2 Étalez la pâte et garnissez-en un moule à tarte de 23 cm de diamètre. Coupez l'excès de pâte. Couvrez de papier sulfurisé et de haricots secs, puis faites cuire 15 min à four chaud (200 °C). Ôtez les haricots et le papier, puis prolongez la cuisson de 5 min.

3 Faites fondre le beurre dans une casserole. Ajoutez l'œuf, fouettez énergiquement et incorporez ce mélange dans la préparation à la noix de coco. Mélangez bien. Versez sur la pâte puis lissez la surface. Enfournez pour 25 min, jusqu'à ce que la garniture commence à dorer.

TARTE FEUILLETÉE AUX FIGUES

POUR 8 PERSONNES

Préparation : 20 min
Cuisson : 40 min
Repos : 40 min

350 g de pâte feuilletée
6 à 8 figues
le zeste de 1 citron
2 c. à soupe de farine
1 c. à soupe de crème fraîche épaisse
1 œuf entier + 1 jaune
125 g d'amandes émondées
75 g de sucre en poudre
50 g de beurre ramolli
1 pincée de sel
2 c. à soupe de confiture d'abricots

1 Étalez la pâte en un rectangle. Fouettez la crème avec le jaune d'œuf, puis badigeonnez-en les bords de la pâte. Roulez ces derniers sur eux-mêmes pour former une bordure de 1 cm de large. Badigeonnez-les de nouveau disposez la pâte sur une plaque de cuisson et réservez au frais au moins 30 min.

2 Répartissez les amandes sur une plaque et enfournez 6 min sous le gril du four. Installez une autre plaque dans le four à 200 °C. Mixez finement les amandes grillées. Ajoutez le sucre, le beurre, l'œuf, le zeste et le sel, puis mixez jusqu'à l'obtention d'une pâte lisse. Versez-la sur la tarte et réservez 10 min au frais.

3 Coupez les figues en quartiers et disposez-les sur la tarte. Faites cuire 35 min sur la plaque chaude. Chauffez la confiture dans une casserole, puis nappez-en les figues. Servez chaud.

RECETTE WAHOU !

TARTE AMANDINE AUX PRUNES

POUR 8 PERSONNES

Préparation : 15 min
Cuisson : 45 min
Repos : 30 min

500 g de pâte brisée préétalée
6 à 15 prunes
100 g de beurre
100 g d'amandes en poudre
5 œufs
15 cl de crème liquide
150 g de sucre blond
2 c. à soupe de sucre roux

1 Étalez la pâte dans un moule de 23 cm de diamètre, et réservez 30 min au frais. Faites fondre le beurre. Coupez les prunes en 2 et dénoyautez-les.

2 Couvrez la pâte de papier sulfurisé, parsemez de haricots secs et faites cuire 15 min à four chaud (180 °C). Retirez le papier et les haricots, puis prolongez la cuisson de 5 min. Fouettez les amandes, les œufs, la crème, le beurre et le sucre blond, jusqu'à ce que le mélange soit homogène, puis répartissez-le sur la tarte.

3 Rangez les prunes face coupée en bas, en les enfonçant. Saupoudrez de sucre roux et enfournez pour 25 min. Laissez tiédir, démoulez et servez.

TARTE AU CITRON

POUR 8 PERSONNES

Préparation : 20 min
Cuisson : 1 h à 1 h 05
Repos : 30 min

375 g de pâte sablée
5 œufs
140 g de sucre en poudre
15 cl de crème fraîche épaisse
10 cl de jus de citron
2 c. à soupe de zeste de citron

1 Fouettez les œufs avec le sucre, la crème et le jus de citron. Filtrez au-dessus d'un saladier, puis incorporez le zeste de citron.

2 Étalez la pâte en un disque de 3 mm d'épaisseur. Disposez-la dans un moule à tarte. Coupez le surplus. Piquez à la fourchette et réservez 30 min au frais.

3 Tapissez de pâte de papier sulfurisé et de haricots secs, puis faites cuire 10 min à four chaud (140 °C). Retirez le papier et les haricots. Faites cuire 20 min de plus, puis versez la garniture. Enfournez de nouveau pour 30 à 35 min. Laissez refroidir et démoulez.

TARTE AU GINGEMBRE ET AUX POIRES

POUR 8 PERSONNES

Préparation : 30 min
Cuisson : 1 h 35 à 1 h 40
Repos : 30 min

1 pâte brisée préétalée
5 poires fermes
300 g de sucre en poudre
le zeste de 3 citrons et le jus de 1
600 g de sirop d'érable
1 morceau de gingembre au sirop
2 œufs
140 g de chapelure

1 Garnissez de pâte un moule de 23 cm de diamètre. Mettez 30 min au frais. Faites fondre le sucre avec 80 cl d'eau dans une grande casserole. Laissez frémir, puis ajoutez les poires pelées et le zeste de 1 citron. Faites pocher 12 à 15 min à couvert. Réservez les poires.

2 Couvrez la pâte de papier sulfurisé et de haricots secs, puis faites cuire 15 à 20 min à four chaud (200 °C). Retirez le papier et les haricots, puis prolongez la cuisson de 5 min.

3 Chauffez le sirop d'érable avec le reste de zeste, le jus de citron, le gingembre finement haché et son sirop. Incorporez les œufs et la chapelure. Baissez le four à 180 °C. Taillez la base des poires et posez-les à la verticale sur la pâte. Versez la préparation au gingembre, puis enfournez pour 1 h. Servez tiède.

RECETTE WAHOU !

TARTE AUX FRAMBOISES ET AMANDES

POUR 10 PERSONNES

Préparation : 25 min
Cuisson : 30 min
Repos : 30 min

700 g de framboises
20 cl de crème fraîche
85 g de cassonade
1/2 c. à café d'extrait de vanille
le jus et le zeste de 1/2 citron
5 c. à soupe de gelée de framboises

POUR LA PÂTE

200 g de beurre froid en dés
200 g de farine
175 g d'amandes en poudre
175 g de cassonade
1 jaune d'œuf

1 Préparez la pâte. Mixez tous les ingrédients, sauf le jaune d'œuf, jusqu'à l'obtention d'un sablage. Ajoutez le jaune et mixez encore. Garnissez de pâte un moule de 25 cm de diamètre, en la laissant déborder. Placez-la 30 min au congélateur.

2 Recouvrez la pâte de papier sulfurisé et de haricots secs. Laissez cuire 20 min à four chaud (190 °C). Retirez les haricots et le papier, puis prolongez la cuisson de 10 min. Laissez refroidir et coupez l'excès de pâte avant de démouler.

3 Fouettez la crème avec la cassonade, la vanille, le jus et le zeste de citron. Versez sur la tarte. Couvrez des framboises. Chauffez la gelée avec 2 c. à soupe d'eau. Filtrez-la avec un chinois, puis badigeonnez-en les framboises.

POUR RECEVOIR

TARTE AU CHOCOLAT ET AU GINGEMBRE

POUR 8 PERSONNES

Préparation : 35 min
Cuisson : 20 min
Repos : 30 min

200 g de chocolat noir
200 g de chocolat blanc
3 c. à soupe de sirop de glucose
30 cl de crème fraîche épaisse
1 morceau de gingembre de 5 cm confit dans son sirop

POUR LA PÂTE

75 g de beurre en dés
150 g de farine
20 g de cacao en poudre
3 c. à soupe de sucre blond
3 jaunes d'œufs
quelques gouttes d'extrait de vanille

1 Préparez la pâte. Avec un robot, mixez le beurre avec la farine et le cacao. Incorporez le sucre, les jaunes d'œufs, la vanille et mixez pour avoir une pâte. Formez une boule, filmez-la et placez 30 min au frais.

2 Étalez la pâte dans un moule à manqué. Faites cuire à blanc 15 min à four chaud (180 °C). Laissez refroidir. Faites fondre au bain-marie la moitié du chocolat blanc et badigeonnez-en la pâte, laissez refroidir. Dans une casserole, faites fondre à feu doux le sirop de glucose et le chocolat noir. Versez-les dans un bol et laissez-les refroidir quelques minutes, puis incorporez la crème légèrement fouettée. Incorporez le gingembre râpé avec 2 c. à soupe de son sirop. Versez sur la tarte et laissez prendre au frais.

3 Faites fondre le reste du chocolat blanc et versez-le dans une poche à douille. Dessinez des motifs sur la tarte, laissez-les se solidifier, puis servez.

RECETTE WAHOU !

TARTE AUX AMANDES

POUR 8 PERSONNES

Préparation : 30 min
Cuisson : 1 h
Repos : 1 h 20

150 g d'amandes en poudre
50 g de beurre ramolli
150 g de sucre en poudre
3 œufs + 1 jaune d'œuf
le zeste de 1 citron
1 c. à soupe d'amandes effilées

POUR LA PÂTE

75 g de beurre en dés
1 œuf
125 g de farine
25 g de sucre en poudre
1 pincée de sel
2 c. à soupe bombées de confiture de framboises

1 Préparez la pâte. Au robot, mixez la farine, le beurre, le sucre et le sel jusqu'à l'obtention d'un mélange sableux. Ajoutez le jaune d'œuf et 1 c. à café d'eau froide, puis mélangez. Filmez et réservez 1 h au frais. Étalez la pâte dans un moule. Piquez le fond à la une fourchette et réservez au frais 20 min.

2 Garnissez la pâte de papier sulfurisé et de haricots secs, puis faites cuire 20 min à four chaud (180 °C). Retirez le papier et les haricots, badigeonnez la pâte de blanc d'œuf et prolongez la cuisson de 2 min. Laissez refroidir, puis badigeonnez de confiture.

3 Fouettez le beurre et le sucre puis incorporez les œufs. Ajoutez le zeste et les amandes en poudre. Versez sur la tarte, puis enfournez pour 20 min. Parsemez d'amandes effilées et faites cuire encore 15 min.

CHAUSSON AUX POMMES ET DATTES

POUR 4 À 6 PERSONNES

Préparation : 15 min
Cuisson : 20 min
Réfrigération : 10 min

375 g de pâte feuilletée
2 pommes à couteau
2 dattes dénoyautées
1 c. à soupe de farine blanche
1 œuf
25 g de sucre en poudre
1/2 c. à café de cannelle en poudre
1 c. à café de jus de citron
1 pincée de sel
glaçage

1 Préchauffez le four à 200 °C avec une plaque de cuisson. Pelez les pommes, épépinez-les, puis coupez la chair en dés. Hachez les dattes. Étalez la pâte en un rectangle.

2 Mélangez les pommes, les dattes, la farine, le sucre, la cannelle, le jus de citron et le sel. Répartissez la garniture sur la moitié de la pâte, en laissant un bord tout autour. Badigeonnez les bords d'œuf battu, puis rabattez l'autre moitié de la pâte sur la garniture, en pressant les bords. Incisez légèrement le dessus et badigeonnez du reste d'œuf. Réservez 10 min au frais.

3 Transférez le chausson sur la plaque de cuisson, puis enfournez pour 20 min. Arrosez de quelques gouttes de glaçage et servez.

INDEX DES RECETTES PAR ORDRE ALPHABÉTIQUE

Chausson aux pommes et dattes	**212**
Fougasse au pesto et mozzarella	**34**
Mini-pitas jambon-pistou	**22**
Mini-pizzas au prosciutto	**26**
Muffin à la courgette	**20**
Petites pizzas margarita	**118**
Petits pains jambon, mozzarella	**32**
Pissaladière	**46**
Pizza à la courge et à la feta	**114**
Pizza à la poêle	**106**
Pizza à la saucisse et aux oignons	**44**
Pizza au bacon	**48**
Pizza aux épinards et aux œufs	**52**
Pizza blettes, feta et œufs	**62**
Pizza chèvre, pommes de terre	**116**
Pizza courgette, mozzarella	**120**
Pizza-minute au thon	**56**
Pizzas à la puttanesca	**112**
Pizzas au jambon et à la ricotta	**54**
Pizzas de tortilla	**28**
Pizzas-pitas au chorizo	**24**
Pizzas tomate-basilic	**110**
Pizzas turques à l'agneau	**58**
Pizza tomate-ricotta	**108**
Quiche au jambon et petits pois	**66**
Quiche au poivron et au jambon	**64**
Quiche fromages et oignons	**74**
Tarte à la courgette et à la ricotta	**78**
Tarte à la noix de coco	**196**
Tarte à la rhubarbe et à la pomme	**172**
Tarte à la ricotta et aux épinards	**96**
Tarte à la tomate	**86**
Tarte à la tomate et au pesto	**98**
Tarte amandine aux prunes	**200**
Tarte au chocolat et au gingembre	**208**
Tarte au citron	**202**
Tarte au gingembre et aux poires	**204**
Tarte au jambon et aux épinards	**50**
Tarte aux abricots caramélisée	**186**
Tarte aux abricots et amandes	**188**
Tarte aux amandes	**210**
Tarte aux artichauts et au bacon	**38**
Tarte aux fraises	**170**
Tarte aux framboises et amandes	**206**
Tarte aux fromages et oignons	**94**
Tarte aux fruits secs	**174**
Tarte aux groseilles à maquereau	**192**
Tarte aux mûres et aux fraises	**176**
Tarte aux oignons caramélisés	**18**
Tarte aux oignons et blettes	**92**
Tarte aux oignons et feta	**84**
Tarte aux pignons et raisins secs	**184**
Tarte de polenta à la saucisse	**42**
Tarte épicée aux pommes	**178**

Tarte feuilletée aux figues **198**
Tarte fine aux courgettes **100**
Tarte fine aux pommes **168**
Tarte forestière **104**
Tarte frangipane aux pêches **190**
Tartelettes à la rhubarbe **152**
Tartelettes amandes et citron **142**
Tartelettes asperges, parmesan **10**
Tartelettes au citron meringuées **156**
Tartelettes au sirop d'érable **164**
Tartelettes aux fraises, chocolat blanc **140**
Tartelettes aux noix de pécan **132**
Tartelettes aux pêches **144**
Tartelettes chèvre, oignons rouges **8**
Tartelettes chocolat, macadamia **160**
Tartelettes chorizo, poivrons et œufs **40**
Tartelettes citron et framboise **134**
Tartelettes crème et myrtilles **150**
Tartelettes crumble cerises, noisettes **158**
Tartelettes de fruits rouges **128**
Tartelettes de poires caramélisées **136**
Tartelettes feuilletées aux champignons **16**
Tartelettes feuilletées aux légumes **14**
Tartelettes fraises et amandes **146**
Tartelettes fruits secs et amandes **148**
Tartelettes minute aux pommes **130**
Tartelettes muscade et laurier **162**
Tartelettes poires, gorgonzola **12**
Tarte oignons, pommes de terre **82**
Tarte parmesan et tomates **80**
Tarte pesto, pommes de terre **88**
Tarte poires, pâte d'amande **194**
Tarte poivrons rouges et chèvre **90**
Tarte reines-claudes, vanille **180**
Tarte salami, mozzarella **6**
Tartes Tatin banane et gingembre **154**
Tarte tomates cerises, parmesan **102**
Tarte tomates, poivrons rôtis **76**
Tatin aux pommes et au calvados **182**
Tortillas au chorizo et à la tomate **60**
Tortillas fromage-tomate **30**
Tourte à la grecque **122**
Tourte fromage, pomme de terre **124**
Tourte poulet, pomme de terre **70**
Tourtes à la dinde et à l'estragon **68**
Tourtes aux pommes et aux myrtilles **138**

TABLE DES ÉQUIVALENCES FRANCE-CANADA

Poids	55 g	100 g	150 g	200 g	250 g	300 g	500 g	750 g	1 kg
	2 onces	3,5 onces	5 onces	7 onces	9 onces	11 onces	18 onces	27 onces	36 onces

Ces équivalences permettent de calculer le poids à quelques grammes près (en réalité, 1 once = 28 g).

Capacités	5 cl	10 cl	15 cl	20 cl	25 cl	50 cl	75 cl
	2 onces	3,5 onces	5 onces	7 onces	9 onces	17 onces	26 onces

Pour faciliter la mesure des capacités, une tasse équivaut ici à 25 cl (en réalité, 1 tasse = 8 onces = 23 cl).

Crédits photographiques
Marie-Louise Avery : p. 133; Carolyn Barber: p. 72(m), 95; Steve Baxter: p. 57; Martin Brigdale: p. 72(h), 77; Peter Cassidy : p. 73(b), 79, 125, 126(m), 131, 143, 166(h), 173, 203; Jean Cazals : p. 5(m), 17, 19, 91, 127(b), 135, 141, 165; Ken Field: p. 65; Gus Filgate: p. 4(h), 9, 105, 127(m), 139, 157; Will Heap: p. 36(m), 49; Gareth Morgans : p. 7, 36(h), 41, 59, 73(h), 107, 123, 175, 197; David Munns : p. 37(b), 43, 61, 103, 111, 119, 126(b), 127(h), 147, 151, 153, 167(b), 169, 213; Noel Murphy : p. 35; Myles New: p. 2, 25, 33, 36(b), 37(h), 45, 55, 113, 121, 126(h), 129, 161, 166(m), 177, 199; Thomas Odulate: p. 4(m), 21; Elisabeth Parsons : p. 72(b), 97; Lis Parsons : p. 4(b), 5(b), 11, 15, 27, 71, 75, 87, 115; Michael Paul: p. (h), 23; William Reavell: p. 85; Graig Robertson: p. 179; Howard Shooter: p. 89, 99; Simon Smith: p. 63; Brett Stevens : p. 81; Roger Stowell: p. 37(m), 47, 51, 53, 67, 101, 159, 171, 181, 189; Mark Thompson: p. 83; Dawie Verwey : p. 83; Simon Walton: p. 29, 31, 69, 137, 145, 195; Cameron Watt: p. 187; Philip Webb: p. 13, 39, 73(m), 93, 117, 166(b), 149, 155, 163, 167(h), 167(m), 185, 191, 193, 201, 205, 207, 209, 211, 183.

Édition originale
Ces recettes ont été publiées pour la première fois par BBC books, une marque de Ebury Publishing, un département de The Random House Group Ltd. © Recettes et photographies : BBC Good Food Magazines.

Édition française
Direction de la publication : Isabelle Jeuge-Maynart et Ghislaine Stora
Direction éditoriale : Émilie Franc
Édition : Maud Rogers
Couverture et conception graphique : Audrey Gaucher
Informatique éditoriale : Philippe Cazabet
Mise en page : les PAOistes
Fabrication : Émilie Latour

ISBN : 978-2-03-598205-6

Imprimé en Roumanie par G Canale et C SA
324628/01 - 11042431 - octobre 2019
Dépôt légal : janvier 2020